周蓓 主編

『民國專題史』叢書

陳友生 著

河南人民出版社

印度新志

中國與印度是世界上歷史最悠久、文化最豐富的國家，中印兩國文化對人類之貢獻非同尋常。本書系由十餘篇關于印度研究的翻譯文章編集而成，將印度的政治、經濟、社會、教育等諸内容備述無遺，所譯文章作者均親歷考案，極不苟且，由此可概覽印度近代之歷史演變

圖書在版編目(CIP)數據

印度新志 / 陳友生譯述. —鄭州 : 河南人民出版社, 2016. 10
(民國專題史叢書 / 周蓓主編)
ISBN 978-7-215-10457-0

Ⅰ. ①印… Ⅱ. ①陳… Ⅲ. ①印度-近代史 Ⅳ. ①K351.43

中國版本圖書館 CIP 數據核字(2016)第 256610 號

河南人民出版社出版發行
(地址：鄭州市經五路 66 號　郵政編碼：450002　電話：65788063)
新華書店經銷　　河南新華印刷集團有限公司印刷
開本 710 毫米×1000 毫米　1/16　印張 20
字數 162 千字
2016 年 10 月第 1 版　　2017 年 1 月第 1 次印刷

定價：130.00 圓

出版前言

中國現代學術體系是在晚清西學東漸的大潮中逐步形成的。至民國初建，中央政治權威進一步分散和削弱，加之新文化運動帶給國人思想上的空前解放，新學的啓蒙，新知識分子的産生，民國學術如草長鶯飛，進入一個自由而蓬勃的時代。中國傳統學科乃中國學術之根基與菁華所在，民國學人采用『取今復古，别立新宗』之方法，引入西方的學術觀念，積極改造，使史學、文學等學科向現代學術方向轉型。此外，大力推介西方社會科學的新學科和自然科學，在學習、借鑒乃至移植西方現代學術話語和研究範式的過程中，逐漸建立中國現代學科，使中國的學科門類迅速擴展。一時間，新舊更迭，中西交流，百花齊放，萬壑争流，開創了中國現代學術的源頭。

伴隨知識轉型和研究範式轉換而來的，還有學術著作撰寫方式的創新。中國古代的著作向來以單篇流傳，經後人整理匯編後，方以成册成集的面目出現并持續傳播。直到十九世紀末，東西方的歷史編撰體裁不外乎多卷本的編年體、紀傳體和紀事本末體等，章節體的出現標志着近代西方學術規範的産生和新史學的興起。章節體具有依時間順序，按章節編排；因事立題，分篇綜論；既分門别類，又綜合通貫的特點。以章、節搭建起論述之框架，結構分明，邏輯清晰，較傳統的撰寫體裁容量大、系統性强。它的傳入，使中國現代學術體系從内容到形式被納入了全球化的軌道。民國時期專題史的研究、譯介、編纂、出版恰恰是在這樣的背景下欣欣而發，是學術的實驗場，也是歷史的記録儀。編選『民國專題史』叢書的初衷正是爲了從一個側面展示中國學術從傳統向現代過渡的歷史進程。

專題史是對一個學科歷史的總結，是學科入門的必備和學科研究的基礎，也是對一個時代艱深新鋭問題的解答，是學術研究的高點。民國專題史著作中，既包含通論某一學科全部或一時代（區域、國别）的變化過程的，又囊括對一時代或一問題作特殊研究的，還有少部分是對某一專題的史料進行收集的。原創與翻譯并重，翻譯的底本大多選擇該學科的代表著作或歐美大學普及教本，兼顧權威性和流行性，其中日本學者的論著占據了相當比重。日本與中國同屬東亞儒家文化圈，他們在接納西方學術思想和研究模式時，已作了某種消化與調適，從思維轉换的角度看，更便于中國借鑒和利用，他們的著作因而被時人廣泛引進。

與當代學術研究日趨專業化、專門化、專家化的『窄化』道路迥乎不同的是，中國傳統學術崇尚『學問主通不主專，貴通人不尚專家』的通識型治學門徑，處于過渡轉型期的民國學術在不同程度上保留了這種特徵。民國學術大師諸學科貫通一脉、上千年縱横捭闔之功力自不待冗言，外交家著倫理政治史、文學家著哲學史、化學家著戰争史等亦不乏其人，民國專題史研究呈現出開放、融通、跨界撰述的特點。與此同時必須看到，自晚清以來，中國的命運就在外侮屢犯、内亂頻仍的窘境中跌宕彷徨，民族存亡仿若命懸一綫。這股以創建學科、總結經驗、解决問題爲指歸的專題史出版風潮背後，包裹着民國學人企望以西學爲工具拯民族于衰微的探索精神，及以學術救亡的愛國之心。梁任公曾言：『史學者，學問之最博大而最切要者也，國民之明鏡也，愛國心之源泉也。』這種位卑未敢忘憂國的歷史使命感和國民意識是今人無法漠視和遺忘的。

『民國專題史』叢書收録的範圍包括現代各個學科，不僅限于人文社會科學，學科分類以《民國總書目》的分科爲標準，計有哲學、宗教、社會、政治、法律、軍事、經濟、文化、藝術、教育、語言文字、中國文學、外國文學、中國歷史、西方史、自然科學、醫學、工業、交通共19個學科門類。本叢書分輯整理出版，内不分科，單本發行，方便讀者按需索驥。既可作爲大專院校圖書館、學術研究機構館藏之必備資源，也可滿足個人研讀或興趣之收藏。

與目前市場已有的一些專題史叢書相比，『民國專題史』叢書具有規模大、學科全、選本精、原版影印的特點。本叢書選目首重作者的首創、權威和著作影響力，尤其注重選本的稀見性。所謂稀見，即建國後没有再版，且多數圖書館没有收藏，或即便有收藏，也是歸于非公開的珍本之列予以保存，普通讀者難以借閲。部分圖書雖有電子版，但作爲學術研究的經典原著讀本，紙質版本更利于記憶和研究之用。本叢書精揀版本最早、品相最佳的原版圖書作爲底本，因而還具有很高的版本收藏價值。

『民國專題史』的著作是民國學者對于那個時代諸問題之探究，往往有獨到之處，無論其資料、觀點短長得失如何，要之在中國現代學術史的構建與發展進程中，自有其開宗立論之地位。

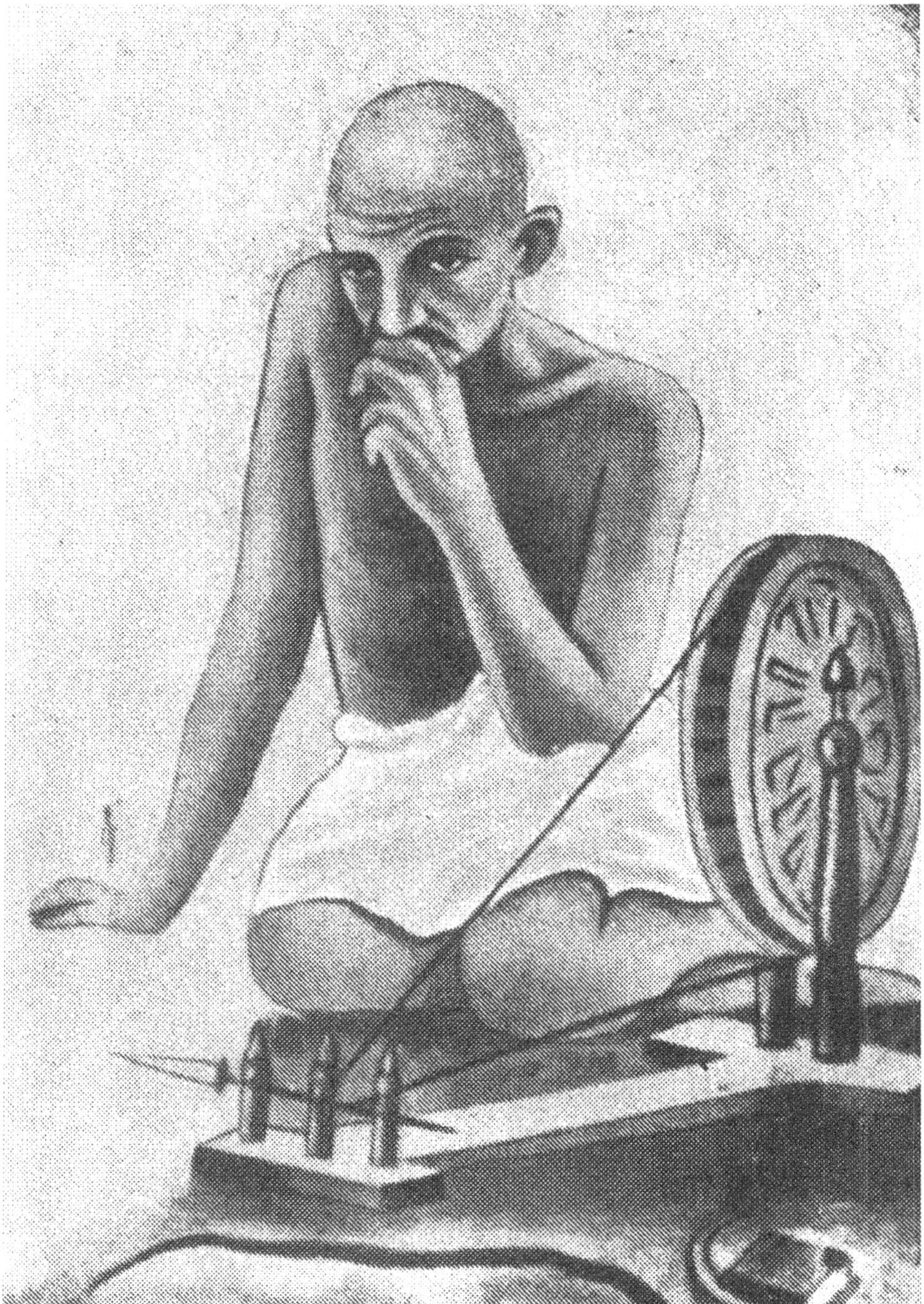

印度革命領袖甘地及其紡紗機

印度詩人太果爾

释迦牟尼成道處之塔廟

释迦牟尼涅槃處

貝納勒斯之黃金廟

喜馬拉雅山中之大吉嶺

喜馬拉雅山中觀日出

埃弗拉斯峯之積雪

印度通行之牛車

印度特產毒惡之扁頭蛇

印度新志序

遠稽世界歷史，近察世界大勢；世界各國與中國文化關係之最密切而且重大者，實無過於印度。

中國與印度，同爲世界上開化最早之國家，亦同爲世界上歷史最悠久，文化最豐富之國家。漢唐之際，環繞吾中國者，皆爲吾中國文化所陶養，皆來學於吾中國。例如今日極力吸取西方文明突飛猛進之日本，其整個歷史文明，卽皆由吾中國學習採取以去，卽皆由吾中國文化撫養培植以成。然中國彼時，則又往學於印度；中國文明，則又爲印度文明所薰染。晉唐以後，中國古德之旅險投艱以赴印度求學者，不可勝記。試讀高僧傳「高僧求法離長安去人成百歸無十」之句，吾先人往印求學之熱誠與其經歷之艱難，可想而知矣。至吾中國文明所受印度之影響，尤大不可言。舉凡學術思想、語言、文字、美術、音樂、以及風俗、習慣、日用生活等等，幾無不爲印度之影響所及。且舉一二粗淺之實例證之：「佛菩薩」之名號，國人幾無一不知；而我「孔聖」之名號，反不若是之普遍也。全國名山勝境以至於城市鄉鎮，幾無不見有「佛塔佛廟，」而我孔聖之宗廟，反不若是之普遍也。所謂「佛菩薩」之名號者何？所謂「佛塔佛廟」者何？仿自印度而爲印度文明在中國之標誌也。近人只見知西洋文明及於中國之影響，然若以之與印度文明比較，則眞微乎其微矣。且中國文明受西洋文明之影響，至今猶僅數十年，便已成焦頭爛額之局。中國文明受印度佛教文明之影響則已二千年於玆；其間雖亦不無風波曲折，然而反對佛教文明者，皆畢竟自入於佛教文明之門。此眞胡適之所謂「孫悟空的觔斗畢竟打不出如來的掌心。」（胡適之在「科學與人生觀之論戰」中所採用西遊記上之故典。）至一般人所謂佛教文明在中國社會上所生之流弊，則係僅見其表面形式上之一小斑點而已。而其所給與中國文明之種種重大影響，則凡有知識者莫不承認。如是事理，國人焉可不特別注意！

惜乎晚近數百年來，中國與印度同因國情與環境之轉變，致使兩國過去之此種密切與重大之文化關係，漸由疏離以至於中斷。今日舉世皇皇，莫知所措；大難之來，急如狂風暴雨。試思其問題果何在乎？一般政治學者與政治家，往往認爲一簡單之政治問題；一般經濟學者與經濟家，往往認爲一簡單之濟經問題；余則以爲實是一整個之文化問題。此問題將如何解決耶？由政治解決乎？由經濟解決乎？更由軍事解決乎？余曰：否，否，否。整個之文化問題，要由整個之文化以解決之也。然則此整個之文化問題，又將在何處解決耶？余敢曰：即在中國與印度。世界未來文化之前途又將由何處開出耶？余敢曰：即由中國與印度。解決此文化問題與開出世界未來文化前途之責任，又將由何人擔當耶？余又敢曰：必由吾中國人與印度人擔當之。蓋西洋文化之前途，今已行至山窮水盡之絕境。今日世界之險象，即全由西洋文化發達之結果。余敢斷言，今日西洋文化若不急急轉頭換向，則其前途只有死路一條。然而其又將如何轉向耶？其轉向於西洋文化之古代乎？不但事實不可能，且今之西洋文化即由其古代文化孕育以出。其將另闢荊棘草萊乎？毋奈其本身形質早已如是成就；由此形質，必得如此貨色。故今日之西洋文化，非由東方文化以藥治之與改造之不可。換言之，即非捨棄西洋文化之途徑轉向東方文化之途徑不可。所謂東方文化者何？即中國與印度之文化也。且試更思之：中印兩國文化之歷史，至今至少各有五千年；中印兩國文化過去對於世界人類之供獻，實非任何其他國家民族文化所可比。以如此攸久偉大之文化，而不從之以解決今日之文化問題與開出世界未來文化之前途，將從何解決與從何開出乎？中國人數四萬萬有過，印度人數三萬萬又五千萬，合之則佔世界全人數之半。以如此廣大之人數，而不擔當解決世界文化問題與開出世界文化前途之責任，又其誰擔當乎？如是情勢，國人又焉可不特別注意！

個人不敏，竊不自量，因有感有見，如是特於七八年前當國人為西洋文化頭昏目眩而鯽赴東西洋之際，獨效「自馬投荒」而出之印度。及在印度數年留居研究觀察之後，益覺所見不謬，而所信亦因之益堅。因是又行腳奔走，將中印兩國大德人士之共同信念溝通聯絡，以追隨兩國大德人士之後，而發起組織一「中印學會」。區區微願，卽欲以此一面將中印兩國過去密切重大之文化關係恢復，一面並開創兩國更密切與更重大之未來文化關係；並由此以結合兩國人民共同努力，一面謀兩國民族文化自身之復興，一面卽為目前世界文化問題謀一解決，並為世界未來文化開一出路。

孫中山先生曾反覆叮嚀，一者曰「聯絡東方弱小民族，」再者曰「聯合世界上以平等待我之民族。」所謂「平等待我」者，其關係必出於道義，而不僅出於利害。然而世界上眞能與我作道義之聯合者，除印度以外，尙有誰何？蘇俄曾以「平等待我」矣，然其聯合也純出於利害而非出於道義。以利害相聯合，其關係只能及於利害而止；一旦利害轉變，衝突立卽隨之。往事猶在耳目，固毋待於贅言者。至印度與中國，往昔之交已千餘年矣。其關係除文化道義以外，了無絲毫其他雜念，利害衝突，更不知爲何事何物矣。然而印度非小也，亦非弱也。土地一百數十萬方哩，人口三百五十兆，此可謂小乎？印度政治雖受人宰制，而其自尊自信之精神與堅忍奮鬬之勇氣，則撓不可當。甘地以赤手空拳竟使大英帝國之堅甲利兵亦無所用其轟轟烈烈之眞理獨立運動，不但已翻騰全印度，而且已震撼全世界。其偉大人格思想行動及於世界未來之影響與力量更尙難以限量。此可謂弱乎？吾人如能善與聯合，共同努力，則不僅兩國民族文化自身之復興運動成功易如反掌，而解決世界現有文化問題與開創世界未來文化出路之目的實現亦可立而待矣。

吾人旣懸如是之目的矣，然其進行之步驟，則首先在求兩國民族之互相了解。而欲求兩國民族之互相了解，又當先作兩國國情之互相研究。奈何中國目前關於印度現狀之書籍，直如鳳毛麟角。據個人所見，僅僅數本小册而已。而此數本小册，尙多捃拾外人牙屑，雜湊編譯；對於印度之眞實情形，尙甚隔膜；而其舛識錯誤，猶復不少。至個人自己除將印度普通情形與臨時發生之重大事實寫有數十篇文字散登於各雜誌，幷一本印度周遊記（由新亞細亞學會出版）外，其餘所欲作關於印度文化、史地、學術、思想之文字，因種種之關係，亦尙未成就，朝夕思之，實覺萬分悵惘。

陳友生教授去年與余同遊印度，同講學於太戈而氏所創辦之國際大學，復同從事於中印文化之溝通運動，朝夕相處，工作之餘，輒參商研討，毋間時刻。其用心之勤，誠常人所不可及也。茲特將其譯作已發表未發表之文字十數篇編成印度新志一書，都十數萬言，舉凡印度之政治、經濟、社會、教育等諸大端，備述無遺，得此一編，印度大概已可瞭然。且陳教授之所譯作，類多親歷考案，極不苟且，而其中外文字之優長，猶在其次，較之隔靴搔癢與模糊抄襲者，自不可以道里計。書將付梓，屬爲題序。題序曷敢，聊書數語以當紀念可耳。

大中華紀元四六三二年即民國二十四年一月二十一日譚云山。

目次

附錄

印度新志

印度之非武運動與民衆（甘地）

甘地之革命運動，或稱爲『消極抵抗主義，』或稱爲『非武力反抗主義，』或又稱爲『不合作運動，』實則此皆甘地主張之片面特稱，不足爲概括其整個形態之全稱；蓋甘地之革命運動，不僅在對付英人而尤在革新內部，改造人心，以先立自治之基礎，再求自治之政府，否則即使英人退出，印度亦不能成爲健全國家，此乃甘地革命之眞意，不獨世人罕有知之者，即其國人亦多不瞭解也。故甘地之主義，比較妥適而言，只可謂爲『眞理運動，』（Satyagraha）其中心在於『和愛，』其方法在於『非武，』而其達到目的之工具則在『以身作則，以德化人，』與中山先生所稱『王道』之義，若合符節。

自去年八月至今，甘地之實際工作，對政治革命者少，對社會改造者多，蓋印度之根本禍害，在於宗教間之仇視，階級間之怨妬，而其最賤之一級，有『不可接觸』之稱，爲數約六百數十萬，幾不齒於人類，甘地惄焉痛之，以救拔此輩爲當前急務，故一年來致力『賤民解放』運動，親自旅行宣傳，雖遇嚴重之反對，與炸彈之恐嚇，先生不顧也。

唯言之者諄諄，聽之者藐藐，一般所謂社會主義之青年，對於甘地之『非武』方法，與賤民解放，頗多誤會，故先生於本年七月十八日在加爾各答城時，發表問答式之談話，重申主張，告誡青年，文雖不長，亦足見其中心理想矣。

——譯者附識——

問——民衆革命，既爲達到自由之唯一方法，然則在此革命過程之一切挑衅與困難事實中，先生相信民衆仍能在思想上與行動上，保持其絕對的非武精神耶？欲求達到此等非武境界，在個人方面或許可能，先生以爲民衆在行動上亦能如此耶？

答——諸君在今日此時而發如此問題，眞所謂『異哉問也。』吾人非武運動之整個過程，已足證明武力之爆發，不是由於民衆方面而爆發，若余可用階級一詞，則是由於階級方面而爆發，即是爲知識份子所製造而爆發。即在武力鬬爭之中，個人方面或走極端而忘乎一切，而此鬬爭力量中之民衆，則不敢如此，且未嘗如此。民衆之所以動武，只在奉命而行，其停武也，亦在奉命而停，個人之仇恨或報復衝動，無論如何盛大，不少顧也。民衆若果有訓練，如何不能在非武運之下，而表示其如在武力鬬爭下之同樣訓練，殊無理由。並且非武運動之領袖，尤有特殊便利，即彼不須許多將官奉命作戰，然後可致勝利。非武運動之使命，不須多人以爲傳播，少數眞實之男女，若已充分涵容非武之精神，則其模範終足以感動而號召全體之民衆。當余初行非武運動之日，即親有此經驗。一般人民，以爲余雖口稱非武，而心實尙武，蓋人民之猜度與解釋其領袖言語也，早已成此習慣。嗣後人民深知余之言行一致，乃始堅信非武，即在最艱苦之環境下而不變。至於思想上之非武信念如何，判斷者其唯天乎！吾所能言者，則行動上之非武，若不與思想上之非武一致相聯，決不能維持耳。

問——先生以爲剝削者與被剝削者間之合作，有達到先生理想之可能耶？國民會議，應不顧資本家與地主們之利益，而毅然擁護民衆利益，先生不以爲時機之已至耶？全體民衆，應依一種建國計畫而爲之組織健全革命者不須他法，只宜表示權威，與資本家地主們相爭鬬，以謀被剝削的佃農與勞工之利益先生不以此爲可能耶？又先生不以階級鬬爭之難於避免而有閑階級之必將崩潰耶？

答——余絕未嘗言剝削者與被剝削者之間，只要剝削之事實與剝削之意志存在時，應有所謂合作。余之所不信者資本家與地主們，未必爲一堅強役人之剝削者，其利益與民衆利益之間，未必有基本的或不能和洽的反對性。一切剝削之所以可能，皆原於被剝削者之願意的或強迫的合作。不論吾人作如何推論，苟人民不服從其剝削之人，則剝削不能存在，此昭然之事實耳。因有自利之關係，吾人便承受束縛吾人之鎖鍊，欲免剝削，必先除此弊。故現今之所急須者，不在資本家與地主們之鏟除，而在彼等與民衆關係之轉變，使成爲比較純潔而恰當之關係。諸君問及國民會議保護民衆利益，而消除資本家與地主們利益之時機。余之答復可以簡括說：自國民會議產生以來，無論主持者爲調和派或極端派，其工作舍民衆利益外無他求；代表民衆，爲其一貫之目的，亦實即其成立之根源；五十年來之歷史具在，稍加按覆，即可知國民會議始終前進的代表民衆。

若云國民會議專爲民衆利，而打倒資本家與地主們利益之時機已至；余必曰否否。余等自命爲民衆良友，若採此策，則無異自掘墳墓，且爲民衆掘其墳墓。余將使資本家與地主們爲民衆服務。如新喪之吶斯先生(S. Nath)所慣作者然。吾人不能犧牲民衆利益，而謀資本家與地主們之利益，吾人不能履行彼等之故計；吾人須信賴彼等之能讓渡其利益而爲民衆之服務。諸君以爲所謂有閑階級者，絕無愛國情緒耶？諸君若作此想，則對於資本家與地主們大非公允，且絕其服務於民衆之路。試問資本家與地主們不同受統治者之剝削耶？彼等對此豈無感覺；余已確有經驗，同情撫慰之言，爲彼等所欣然感受。吾人若能得資本家與地主們之信念，使其安心無恐，則吾人將見彼等並不反對與民同樂與衆共享。抑更有進者，吾人試捫心自問，吾人自身與民衆密切接近之工作已有幾何，數百萬蚩蚩民衆與吾人間之隔膜誤解已疏通乎？吾人自身住於『玻璃之宅，不可投石擊人。』民衆之生活，諸君已能共享至何程度耶？余不敢大言欺人，在余個人此尙依然爲一希望而已。吾人責罵資產階級所未曾做到之生活習慣，吾人本身亦未全做到，能不自愧。至於階級鬬爭之觀念絕非余所想億，就印度言階級鬬爭不僅非不能避免。而且吾人若已瞭解非武運動之使命，實可以避免。認階級鬬爭爲不能避免之人皆未明悉非武運動意義之輩，或卽明悉亦屬淺之一知半解耳。

問——富庶者本人不嘗經驗貧苦，如何能望其援助貧苦民衆耶？資本制度，常在形成勞資間之顯著差異，以保持其優越地位與威權欲求無損於雙方利益而造成有效之調協，先生以此爲可能耶？

答——富人運用其財貨，不爲私人享樂之追求，而爲貧民利益之服務，卽爲援助貧苦民衆。富者若能爲此，則今日貧富間存在之裂痕，卽可消除；階級之別或猶不免，然其別也，將爲『水平』之別而非『垂直』之別矣。吾人不應惑於西方傳來之引誘口號與標語，吾人豈無鮮明之東方成訓耶？吾人豈不能自求勞資問題之解決耶？吾人之『凡納史拉謨』(Varnashram)制度，豈非一種調和貴賤間差別，與平衡勞資間異點之方法耶？西方傳來之一切勞資問題解決方法，均有武力強制之彩色，余甚反對之，因其潛伏於途末之崩潰，余已洞見無遺；即在西方之今日，凡稍有思想之人，皆反對其制度所引向之深淵。余所感謝於西方之影響者，即在余之有所觀感而努力以求跳出武力與剝削之罪惡圈套，而達到一種解決。余於西方之社會問題，常爲同情之研究，余已發見在西方靈魂之顚狂中，實有一不息之眞理追求萠芽焉，余甚珍貴此項精神。吾人在東方之政制中，只宜採用此一科學研究之精神，則一較眞確之社會主義與一較眞確之共產主義，爲現世所尙未夢想及之者，吾人將能演進而現實之。若冒昧以爲西方之社會主義，或共產主義，乃解決民衆貧苦之最終方法，則謬妄不可言矣。

問——先生之所謂『非武』者，吾儕願簡明知悉。若先生以『非武』爲無私仇之意，則吾儕不敢反對，吾儕之所不能無間言者，即在先生之以『非武』與『戒殺』混爲一談。戰爭之舉行，不由於私人之關係，而由於國家尊嚴與利益之擁護。故戰事一起，常須以最大限度之力量，精神與肉體之力量，拚命而赴之。吾國之人，現皆能使用武力以求吾族國家理想之現實，且武力又爲達到目的之最佳捷徑，先生何以堅決反對耶？況當今之世，尙未臻於完全理解道德教訓之境界。

答——余之『仁愛主義』(Ahimsa)，並未摒棄運用道德以外之一切力量。不過吾人謂武力之常已使用或今日正在使用以求國家爭端之解決，此爲一事；若謂武力之須當繼續使用，則又爲一事。吾人決不能盲效西方，在西方之人若做某事亦自有其事之救藥，吾人則否。例如生育節制一端，在西方似少弊害，但若吾人採用西方所提倡之生育節制方法，則十年之內，印度將有一『宦官』之族焉。同樣，吾人若模擬西方所行之尙武作戰，則吾人不久卽將破產，如西方之所正在破產者然。數日以前，余與一歐人朋友談話，彼以爲世界弱小民族之生命原素，全部爲極度工業化之西方國家所剝削，使今世文化瀕於危難，深滋痛惕；非武運動之原則，在今日正爲試用練習之時期，精神之力量正現於生活；橫暴之武力正瀕於死亡；在目前危難之中，吾人不可畏縮而放棄其正大之主張。

問——孟加拉省之青年男女，常不經審訊而拘於牢獄，不知國民會議對此已作何種主張，或應有何種動作耶？

答——余之解答，早已給於諸君。吾人若憑非武與誠信兩點，而努力於國民會議之工作，且清除其中之腐化成份——今日之國民會議中，已有腐化原素，且余覺悲痛而老實言之，孟加拉省在此一方面，尤爲腐化之甚者——則余敢告諸君，此拘留之士女，必得人人放釋矣。不過非武精神，必須在思想上，言語上，行動上，皆爲眞確而後可耳。

問——吾儕認爲社會中之一切人衆，凡在一方面或他方面，被人剝削或壓迫者，皆可謂之『賤民』(Harijan)，先生的眞理運動之目的，常在護此全體屈辱之羣衆，然則先生何以單獨提出某一『賤民』運動耶？

答——余現在所執行者，並非某一階級之『賤民』運動，其意義實包括全世。

問——先生以爲印度青年強行一種社會改造之時機未至耶？此種社會改造，應行於『自治』(Swaraj) 政府達到以後耶，抑在其前耶？

答——此二事者——社會改造與政制自治之奮鬬——必須同時並進，絕不能劃爲顯著之兩部，而有所謂先後之分。不過一種新的社會制度，不可以『強制執行』，如此則其救藥比原疾更爲有害。余爲忍耐之社會改造者，余所致力在全部的與澈底的社會改造，但此改造，必爲一有機之生長，而非一武力之強施。

問——國民會議，必欲含容一部『冒牌革命黨』之回教份子，不惜許以不正當與不合法之權利，而增加其無厭欲求，是果何意耶？

答——若回教革命者爲『冒牌革命黨，』則吾人亦爲『冒牌革命黨』耳。所以吾人必須從吾人之字典中取銷此字。諸君又稱『不合法之權利，』不知何所指着但諸君須知余非擁護非法權利之人，吾人革命之共同操守，亦在此耳。

問——國民會議，將『回教大聯合』(Khilafat)運動引入內部，因此增強教族間之惡感，此非該會黨人應負之責咎耶？

答——國民會議因參加『回教大聯合』運動，而須負增強教族間惡感之責，此就歷史而論，絕不正確。實際上則參加有減少惡感之效。在回教同胞努力於大聯合運動之中，國民會議與之同情合作，實爲有利，此爲余所欲時常主張者也。

印度之憲政發展（羅蘭爾特舍）

印度以一百五十餘萬方哩之土地，三萬萬又二千餘萬之人口，亡於區區一商賈市儈之東印度公司，實古今僅有之亡國慘例。然推其原因，不外內部分裂，自相仇殺，公司英人，得施挑撥離間之手段，行『以毒攻毒』之詭計，逐步蠶食，坐收漁利，甘地先生有言曰，『非英人之能亡印度，乃印人之送獻英人。』此爲最傷心確切之論。吾人試觀我國今日之景象，正如印度當年之情形，國人淸談是非，互爭雄長，是誠誤國負民之尤者，吾人不暇爲印度哀而又自哀也。印度亡國已百五十餘年，不乏仁人志士，圖謀復興之業，然在科學統治之下，與機械宰割之中，赤手空拳，何濟於事，卽偶有所成，亦統治者形式上之開恩示惠而已。英人在表面之開恩示惠，素優爲之，故自歐戰以後，政制上略有變更，政策上稍易方法，以和緩印人之怨憤情緒，而掩飾政府之壓榨專橫，正式設立印度議會，各省議會，實行『分族選舉』，儼然如英國之議會政治一般。實則所謂議會者，不過督憲大臣之姨太;凡重大之案件,必先得其許諾而後可議。凡議定之案件,必以其認否爲終決,而議決案之執行與否又全憑政府之意志如此而曰民治議會可謂『有若無實若虛』也,本文爲英人羅蘭爾特舍爵氏(Earl of, Ronaldshay)作品渠於一九一七至一九二二年曾充孟加拉省總督,爲治印要員之一,所言類多偏執,然印度本身問題之複雜,與英人政制之組織,由此亦可概見,而發人深省耳,

——譯者附識——

一　引言

吾人在討論印度之憲政發展,與印人之政治理想兩問題時,必先明瞭幾種基本事實,即如土地之廣大,人口之紛雜——就種族、宗教、語言、文化等言——及過去之歷史與成訓,(尤其是印度教人之歷史成訓。)印度帝國,包括印度本部,及其內部土王小國,與緬甸全部,約等於蘇俄除外之歐洲全陸。但約小於美國面積的三分之二,故若民治政府,爲印人所實際決定而需要之政府,則單

純的土地問題之應付，亦非演進民治政府上之強頑阻障。不過美國之例比，提示印度之任何憲制，在形式上必須依照美洲所發生之聯邦制，而不必嚴格模擬一種所謂『單細胞』式之制度，如在大美國一般之狹小完整而統一的領土內所產生者焉。

二 紛雜一般

但論人口之衆多與複雜，則美國之例比，不能適用。與美國本部之一萬萬又五百萬人口相較，印度之人口，約爲三萬萬又二千餘萬。且此巨大集團之人衆，其語言之差異，達於極度，以至不僅在各種立法團體中，即在全印國民會議一類之民衆會議中，代表來自各方，語言不通，只得採用英語爲公共言語。實際上有二百二十二種方言，源出於『奧斯陀羅』『達羅毘荼』『印歐』『喀蓮』『蠻』『中藏』等六族語文(Austric; Dravidian; Indo-European; Karen; Man; Tibeto-Chinese.) 爲官場所正式承認，不過尚有許多印度語言，如『痕都』與『歐爾多』(Hindi; Urdu)，雖不必盡爲印人之土語，然爲大部印人所談講而瞭解。

在探討憲政之發展問題時，吾人所宜考慮者，不僅語言之紛雜，而宗教之差別，在此族異語殊之人民間各有信仰，至少有九種不同之大教，不能忽視，因此諸教，均有充分勢力，尤其有二教極強，使制憲者，不得不規定分族選舉方法，求在立法會議中容納其個別之代表權。如是立法會議中之回教議員，絕對由全印回教選民組成之選區舉出，在旁遮普一省，對於錫克教徒（Sikh）亦許以同樣之權利。

又文化之罅裂，使人民在社會水平線之一端者，與在其他一端者，離去甚遠，此在憲政發展立場上，亦關同樣重要。一端有原始之部落，幾沉溺在野蠻與迷信的黑暗深淵之中；他端則爲富有數千年文化花果之人民；二端之間，復有各級文化程度之參雜，其差異之量，可謂自遠古而至於近代，自石器時代而至於二十世紀。同時印度教之階級制度，使上級與下級人民間之裂痕，益趨深刻，其影響亦不能忽視。至於近時，又有一種新興勢力，使已有之紛雜，更增厚其亂絲。

此種勢力中之最顯著者，即爲小部份受英國教育之人，與其餘大部份民衆間之差異；前者造成一才智文雅之少數，飽餐歐洲精神，接受西式教育，說寫流利之英語，產生大法官、大律師、大學者、大科學家、及幹練之行政人員，與許多政治專家；後者則大都從事農業，就一般而論，皆屬文盲；不過吾人不能謂人爲文盲，卽無智慧，二者在印度絕非同義互通之名詞耳。

此外更有一紛雜事實，凡考慮將來印度之憲政組織者，必認爲根本重要之問題，此卽遍存於全印半島之諸土邦是也。是項土邦，有大者，有小者，英國政府對其內政設施，至今無直接之行政管轄，諸王對於英皇之臣服，皆爲條約之關係。其間政治進化之程度，千差萬別，大多爲專制政體之組織，在政治上絕不若英屬印度之進步：合計諸土邦面積，幾佔全印土地五分之二，其人口總數，亦幾佔全印人口四分之一。

三 議會政府

上述各情，爲現在要求民主政制的自治民族之狀況。但此要求何自而生呢？西方人民所瞭解之議會政府，不是東方心理建設之產物。古史之記載，誠或有之——佛經所言，尤爲顯著——表明合作之活動，在印度古時頗爲普遍。但此種合作生活，似僅限於較小之團體，如農村協會，手藝工會事，在佛教徒與耆那教徒之事例中，則爲釋伽牟尼與摩訶維拉（Mahavira 爲耆那教創主。）所各別組織之僧尼集會而已，至於國事行政，其政府制度，實爲專制性者多，民主化者少。在十八世紀之末葉，就西方人之意義而言，日本爲遠東最進步之國家，非受外力之侵壓，自覺而採用近代式之憲政制度，此可令人注意之事也。但日本之所模擬者，既非英國政制，亦非美國政治，乃爲德國制度，使行政部不向民選之國會負責，而向國中最高元首之皇帝負責。

印人對於議會政府之要求，源於兩種事實：一爲印度與英國有長久而親密之接觸；一爲英人自負印度政府之責任以來，目的卽在逐漸成立政制，在環境之極度可能以內，一以英國政治爲歸依。此種作用，與其謂爲考慮而致，毋寧謂爲自然而生。當在一千六百年之頃，一羣商賈之徒，自伊利薩白女皇之前，請得特權一副，乘風破浪而赴東印度羣島，其目的原不過努力於有利之商務，並無意在悠久之遠東中心，樹立一新式國家之基業。乃蒙古帝國崩潰，變亂隨之，使東印度公司不得不援手問鼎，遂漸擴張其權威於此半島。

四　初期進步

在十九世紀將近結束以前，未聞有所謂議會政府之要求。迄到此時，一種周密行政組織之網，已遍布於全印，主管者爲訓練最優之官吏，其所直接奉命而措施之上級，則爲督憲大臣與其政務會議，各省總督與副總督。至於單純地方事務之經理，則設立小規模之自治機關，如縣參事會市參事會等，其中會員包括官吏議員與人民議員兩種，半由指派，半由有限之選區舉出，而居其首者皆爲富有經驗之官吏。原來目的，欲使此等自治機關，逐漸變爲同於英國本國之縣市參事會等組織。倘若農村古制之基礎不因蒙古帝國之崩潰而全陷於銷沉，則呂邦爵士（Ripon）時代之計畫地方自治政府者，或已定成另一方式之結構，但當時之印度使若輩無所取材以爲指導，故其所草計畫，悉以其素所熟習者爲之模範，此亦人情之常也。

由此造成之組織，遂使多數印人政客之心情，毫不滿意而贊成，於是樹立團體——主要由於全印國民會議之鼓吹——開始露其頭角。在政府之立法機能上，無論在各省區與中央政府，原已招請少數印人參加合作。但迄至一九零九年止，立法委員會者，只是行政委員會而已，其中有少數印人代表參加製定法律之工作，並討論中樞政府與省區政府之每年預算案，不過無表決之權耳。

在二十世紀之開端，印人之發表其國人政治希求者，皆爲數十年來大英教育之產物——此種教育純採英國學制，施行於專門學校，其課程與英國通常之大學學科一致，或在孟加拉省，或在孟買省，或在麻打拉斯省，或在旁遮普省，或在印度他處，用英語施教傳授知識。學者對於米勒或其他政學家所宣講之大英政治學說，已心領神會，於是要求「種於其國土之樹，產生所須之果。」此項要求，在當前之環境中，自屬全爲自然而合理之要求，不過吾人亦須知全印國民會議，若非全爲受英式教育之代表所組成，則其所倡導之自治政制，或亦較能適於印人之觀念與成訓；恰如呂邦時代之規劃地方自治制度者，若有舊制可循，亦必已仿取印式，而不遽借英式矣。

五 明陀麻萊之憲法

對於全印國民會議之要求，大英政府所作之第一次肯定回答，爲一九零九年大英國會所製定之『印度政府法』成立所謂『明陀麻萊之憲法』(Minto-Morley)新立法會議之設立，爲此一九零九年憲法之最著形態。其會議之組織，一部爲官吏議員，一部爲人民議員，或由指派而任命，或由間接選舉而推出。在省區之立法會議中，——在督憲大臣之立法會議中則否——人民議員，佔大多數。此等新設機關，有控制立法之大權，但須分別服從督憲大臣與各省總督副總督之否決，且對於政府之政策與行政法規，亦有相當之支配勢力。與此立法會議之範圍及權力擴大而同時發生者，有一印人政治家曰新哈先生(S. P. Sinha. 後受榮寵爲爵勛)曾在全印國民會議主席，第一次榮充督憲大臣之政務會會員，此會乃印度最高行政權能之機關也。

是項計畫之確切目的，在使印度之地主貴族階級，工商業階級及界限較寬之中產職業階級，在以前憲政之下，無參加政治生活之充分機會，無使用合法權能以影響國家休榮之餘地者，今能推選代表，與英人共事而負政府之責。明陀爵士與麻萊爵士，均不曾有此意志，以爲印度情形能適用議會政府，即二公所負責而生之憲法，亦決非導向於議會政府。麻萊爵士且愼重聲明，其所爲者絕無關於任何改革使印度走向於建設國會制度之途。明陀爵士亦同樣否認，彼於一九一〇年一月二十五日新印立法會議開幕時，曾致詞有云：

『吾人明白主張西方意義下之代議政府，完全不能適用於印度帝國，且與東方民族之流風遺俗大相庭徑；印度情形，尤不容有民選政制，其安全與福利，全賴英國統治行政之至高權能；無論在何環境之下，此至高權能不能交託於任何民選代表之議會。吾人之目的，在各級會議之改革與擴大，而不在議會之創設。』

六　英國政策

關於本問題之意見，時在迅速變化，在一九一七年八月，僅當上述申明以後之七年，已有劇變，英國政府在衆院愼重聲明其對印度之政策為：

『自治政制之逐漸發展，以求責任政府之進步的實現於印度為目的。』

政府作此重要聲明以後，復稱決採實際步驟，求於最短期間以內施行前項政策。

觀此聲明，吾人可知政府立場，已有顯著之變改，不僅在欲達之鵠的上，且在達此鵠的之方法上，皆可顯見就鵠的而論，一九零九年之明陀麻萊二公，與一九一七年之傑爾斯福特與蒙特古二公一般，（Chelmsford; Montagu）目的均在求印度內部行政之權，逐步由英人官長之掌握，轉移到其本國人民之自身；換言之，卽二者之最後目的，皆在允許印度之實行自治政府。不過明陀麻萊二氏之意見，以爲西人所瞭解之議會政府，不適用於印度，且通常違反東方民族之情操與成俗，而一九一七年之政府，則特別申言，欲求達到最後之鵠的，唯有樹立西方所認識之議會政府。

此種態度由政府宣言中之本身文句，卽可窺見，自言所採政策，在『自治政制之逐漸發展，以求責任政府之進步的實現於印度爲目的，』因印度爲大英帝國之成份一部也。所謂『責任自治政府』者，在英人心中，實爲一事，且祇一事而已——英國式之政府；其基本形態，爲一行政機關向一民選議會『負責，』而議會之議員，又向其選區民衆『負責。』嗣後復有明白之『報告書，』包含具體提議，以實現其決定之政策，於是前項意見，更爲增強。依此政策而擬具計畫之負責人員，卽爲督憲大臣傑爾斯福特爵士，與內務部大臣蒙特古先生，益以一小委員會之助理。諸公在考慮全印各地事實以後，發布『報告書』一紙，申述其奉命以求實施之政策性質，有云：

『是種政策，就西方民衆而論，爲一歷史長久而已有試驗之政策。英人相信責任政府，爲其所知之最優政制；現爲回答印度之要求計，英人已允將責任政府延擴至於印度。』

由此，意志已明，所待作者，只在計畫其實現之方案而已。但負起草新憲方案之責者，開端卽遇頑強之繁複事實。英國國會，不僅議決印度議會之創設，而且規定其創設作用，須爲『循序漸進』之作用。若一筆而創設選區與議會——至少在紙上——原無困難，但若分期逐步而爲之，卽在理論上，似有幾乎不可超越之困難。由此困難，乃產生獨一無二之憲法體制，通常名之曰『雙行制』(Dyarchy)。

六　雙行制

新憲規定設立一『類似國會』之機關，包含兩院——帝國立法會議與國務會議——又在督憲大臣之政務會中，增委第二個印人委員，使印人對於督憲大臣爲首之中央政府，增厚其顧問之權力，但『責任』政府之施行，起始應限於省區政府，約略與美國之各邦政府相似，故『雙行制』

之研究，必在省區政府，孟加拉省爲一進步最優之省，卽可視爲適宜之例。

創造統一而混合選區之困難，由本文開端所述之國情民性，卽已充分顯明，此處毋庸贅言。孟加拉一省之人口約爲五千萬，所劃分之每一選區約佔一百萬人口而強。印度教之選民，可選其教內人士四十六人，以代表其全族於省議會；回教之選民，可選其教內人士三十九人，以代表其全族於省議會。省議會中之全體議席，爲一百三十九人，除上述二種當選議員外，其餘各席，一部由政府指派而任委之，一部由商會，大地主，與歐人居民等特殊團體選舉代表而任之。孟加拉省之省議會，卽由此組織而構成。

但實際困難之發生，在使省政府逐漸向省議會負責之時。以前孟加拉省政府，係經內務部大臣之間介，而向大英國會負責，今欲停止其向英國國會之負責，而轉向孟加拉省議會負責，在理論上原無困難，不過此種轉移，已明文規定，須逐漸而行之。試問『責任』一點，能逐漸而轉移乎？若或能之，方式如何？在一全離孟加拉省議會而獨立之行政機關與一全向此議會負責之行政機關間，有何可能之『半途機關』存在耶？欲行此策之惟一方法，在將行政範圍與孟加拉政府，分爲兩部，以一部交於省議會選出官吏所成之政府，卽向省議會負責；其餘一部，仍舊交於省務會所組織之政府，向內務部大臣負責。實際所行者，實爲此法：教育、農業、公共衞生、與公共事業等之行政權能，交託於政府中之民選一部；法庭、警察、監獄等之統制權能，歸於總督之省務行政會。由此新憲所產之政府，包括兩個各別之機關，爲省總督所主持而輕淡連結之，同時總督有相當寬廣之保留權力，使在緊急問題發生時，能節制省議會之行動。

此種精微機械之相互牽制性與平衡性，非本文有限之空間所能詳細說明，舉一特殊事例，卽可概見：總督之省務行政會——通常稱爲政府中之保留一半——雖在「責任」二字之專門意義上對孟加拉省議會不負責任，但關於統制以內問題之立法事件，必須依賴議會；如有法案，總督認爲負責處理某事所至關重要者，而議會不予通過，則得督憲大臣之允諾與報告於英國國會之兩院後，又得皇帝御前會議之準許，此案亦可成爲法律。同樣，政府中兩部之預算案，必取要求承諾款項之方式而送達於議會，如有某款被減縮或某款被拒絕時，則其被減或被拒之款，若屬於「保留」權力以內之問題，則總督可以接受請求而恢復之。

由一九一九年英國國會決議案所產生之憲法，其大略一如上述。此項憲法，已依據全文而實現一九一七年八月二十日宣言所定之政策，因一面能施行負責自治政府之制度，一面又能使此制之推行，循序而漸進。且其施行之法，富有彈性，隨時可將行政範圍內之其他部份，由省務行政會一部之手中取出而歸諸對孟加拉省議會負責之他一部。嗣後孟加拉省及與孟加拉同位之其他諸省，能充分合格以行英式之負責自治政府時，則全部政權，可以轉移。一九一九年之決議案確又規定一委員會之任命，以考查新憲法之行使狀況，及報告『責任政府之原則成立』是否須要或須要至何程度，又『當時存在之責任政府有無應擴大或修正或限制其疇範之處』。

七　印度之將來

前項委員會在一九二八年巳經委任成立，主其事者爲有名之法學家西門爵士（Sir J. Simon），已開始從事於繁難而負責之工作。故今日之印度，實立於道路之分途點：印人願意其現行之憲政，照英國憲法所具之形式而完成，加以適宜之修改而造爲聯邦憲法之模式；抑或願意大加改革，使較合於印人之過去習慣與成俗；現時之印度必須明白宣言矣。

印人自身之意見，就其對於本題之所已發表者觀之，絕不一致。印回二教之領袖諸人，主張印度所行之政制，在基本之特殊事實上，須異於數百年來所演進之大英政制。在梅索爾土邦內，有一立法委員會，純為印人所組成——自一九一九年關於英屬印度之法案決議以後——其所擬之憲法，已將英屬印度所採『雙行制』而生之責任政府，完全掃除，此例至少可令人注意。在拙著『新憲中心』書內，余曾概述梅索爾土邦委員會之各種建議，此處所須祇能道及其憲法中之較要兩點。第一點為民衆在議會中所能取得眞正代表權之方法：鄰居之誼，認為代表權之重要條件，土地分區，亦視為代表權之必要基礎；但公共利益與公共作用之關係，能離去鄰居情誼而聯絡人羣，即如醫藥法律等職業，在委員會之意，以為對於複雜之社會進化，似有較大之重要性：

『一國國民之為國民，不僅因其居於一定之地域，且實因其所作之事務，所有之利益，與國家共其休戚耳。』

故選出議員於議會之選區成份，除地域之因素外，復有職業之關係。

第二點爲其行政機關之不對議會負責，亦不因議會而動搖，但立於國家元首之側，對此元首而負責；議會有創製與複決兩權，使人民之權利得其保障，又使元首與民衆間之聯絡，成爲活躍而有效矣。

據『一九一九年法案』之條文規定，調查委員會在適當時，對於『責任政府』之原則上如何修正，有報告提議之權。在對於東方現時推進之社會政治，有特殊觀察之興趣者心中，認爲西門委員會所應達到之最要結論：不在循現有『雙行制』之途徑，以求有無較大或較小之改進可能，而在注意此制本身之構造，應否有根本之變改耳。

印度教之階級制度（亞爾特伽）

吾人常聞印度有階級制度，實則印度民族複雜，宗教甚多，所謂階級制度者，唯印度教有之，因印度教人佔人口之最大多數，故常人誤以全稱其民族耳。又吾國歷史教科書上，但云印度有四種階級，即婆羅門（僧侶階級），剎帝利（貴族階級），吠舍亞（平民階級），首陀羅（奴隸階級，）實則四者不過古代婆羅門教初起時之分野，歷代相傳，階級層出不窮，截至今日，其階級之顯著可數者，無慮數百種，一級之內，又有尊卑貴賤之分，上下大小之辨，一分再分，若欲細計，數必逾千，且其階級間之界限嚴厲，爲全世所絕無而僅有，例如下一階級之人，與上一階級之人，授受不親，交遊不能同位而坐，同席而食，視爲不可能之事；至於婚喪禮儀之不能苟合，更不待言。聞其最賤之階級爲「除糞掃厠」之人，有「不可接觸階級」之名。是級也，不許入人堂室，不許入廟禱祈，幾被視爲異物，甘地先生年來所致力解放而提高其地位者，即爲此一階級。先生特爲取一名稱，曰『天帝之民』(Harijan)，旅行全印，親爲宣傳並費一年之力籌得八十萬盧比，爲解放此級運動之經費。惟先生對於整個階級制度未加非難，不言廢除，頗有以『舍本齊末』而詬病先生者耳。

本文爲孟買大學教授亞爾特伽 (M. D. Altekar.) 所著，關於階級制度之特殊形態，及其構成原因，吾人可一閱而瞭然也。

——譯者附識——

一 引言

階級制度，爲印度教文化之特產，尤其在近年以來，已成紛爭激烈之題目。爲之辯護而抱歉者，常比之於西洋各國之社會階級，謂階級制度與社會階級，幾爲同一之物。然二者之間，實有一種根本之差異，在西方之階級，不復以『降生之偶然』的硬性原則爲基礎（即令在理論上亦曾以此爲據）而階級制度，則全以『降生之偶然』事實爲依據。因此，社會階級爲一種富有動性之制度，在歐洲各國，某一階級之人，能以其本人之才幹，學術之成就，或財貨之厚集，及爲國服務之勞績，而超昇至於較高之階級。且各階級間之交互宴食，交互通婚，並無理論上之限制；在近代歐洲（爲本文之目的計，美洲亦包括在內）各階級分域之現象中，尤無宗教之思想與精神或來世之觀念，參雜於其間。

二　印度教之階級制度

印度教人之階級制度，則爲一種宗教性之組織，其根據之理論，常不限於此生此世之事實。其硬性之堅強，可謂建於磐石之固，爲一板滯而不變之制度。古書所記，階級有四，今則四者已再分爲四百有餘。若將印度之傳統階級，及其細目階級，爲詳確與精細之統計，則其數字甚至超過三位以上。此階級制度之唯一動性，卽在其一分再分之作用而已。印度教人中之級別政治問題（孟買與麻打拉斯之『反婆羅門運動』可作代表，）半爲政府政策之結果（此等運動，爲政府施行『階級選區』的毒計之直接結果，）但主要原因，由於印度教人社會本身之分爲無數階級，與細目階級每階級均欲伸張其精神能力，以超越於其他階級，且又嫉怒其他階級之賤視其本階級，而被認爲低劣之一級。故階級制度爲印度教社會分裂之原因，且亦爲其現時衰退與末路之疤結。

三　階級制度之發育

就歷史觀之，吾人知印度每一職業發生一新階級，於是循時序而漸進，原有之四種階級，已再分爲無數之細目階級，傳統職業本有一種經濟利益，但此種經濟利益，常爲制度的硬性所引起之社會弊害而黜沒；降生地位之高低，職業經營之種類，有如堅強頑石，一切分裂與仇恨，皆建築於其上而牢不可破，凡此種種，實爲近代印度社會進化途程上之危害阻障。除此職業原則而外，另有一奇異之原素，形成階級之較大硬性與排斥性。大部份之印度教人社會，皆有「低級」之徽號，故凡一新派與一新教，能在理論上（且常在實際上）洗刷此低級恥辱，又能避去降生事實，或職業性質，而以平等原則爲其教義基礎者，定爲羣衆所歡迎。

印度教之階級制度，常爲此等新出教派所攻擊，於是其唯一維持之方法，在吸收每派所含較爲動人之點，例如「蔬食」似爲耆那教（Jainism）之賜物，乞食行道者之大量產生，似爲與佛教比丘對抗而生之結果。印度教之定義上，每有新意增加，則階級制度之排斥性，愈爲豐富而濃厚。除降生與職業外，食物與衣服，甚而至於居住地域，均爲優劣貴賤上之有關條件，由此民衆之間，人人有希求優越他人之心情矣。此種優越，在時序演進中，愈變爲僭竊之要求，而非行爲之作用；虛僞之所以發生，且爲人生言行上之主要一部者，職此故耳。迂儒學者早已規定各階級之職責，即在西方教育侵染以前，此種職責，已陷於紊亂情狀之中，譬如婆羅門級原不許爲僕役，但迫於生活，亦執役餬口，或從事耕作；農民階級，充當兵役者甚多。階級之原來規矩，在理論上已經崩潰，不過根於降生與職業而來之優劣情感，則愈變強烈，而分崩離析之趨勢，愈爲嚴重。

嗣後西方教育侵入，近代貨幣盛行，前項狀態，更大爲增劇。在現時及不久以前，昔日所決定優越之要素，如職業、食物、住址、及禮儀等事，實上已失其作用，唯一條件之維護階級制度者，在降生或遺傳之成份而已。無論何人，不問所屬之階級如何，可以自擇其所好之職業，或不得已而擇此職業。但優越要求，因而專集於降生地位之僅存條件，其引起嫉妬與怨憤也，比過去更有甚焉。

四　經濟的效能

階級制度之經濟效能，現在不復如過去之有其廣大範圍。昔日之效能，由於分工之原則，一種手藝，歷代相傳而下，其優美之質自能達到穩定與力量；某藝成爲專業而進展，其出品較諸其他環境下之產物，當必更爲優秀，故階級制度之經濟利益，在此專業化之技藝。然同時專業過度，亦有其弊害，即爲經濟彈性之障礙是也。經濟結構，原不過社會構造之一部，若彈性衰弱，則經濟結構之本身，即根本動搖。人必繼續其先父所執之業，若其不能，使無他事可作；如是則此人必須置於社會決算案之借方一欄矣。此種結果超越專業所生之任何利益，已顯露無疑。

但在最近時期，階級制度對於職業之影響，已大爲削減。社會受教育與新貨幣勢力之薰陶，已產生恢復經濟動力之結果。人之執業，也不必依前賢所規定之業務而將事，但據個人之便利而就事。譬如階級屬於靴匠之人，若有機會，亦可變爲經濟學或哲學上之學者；婆羅門級之人，若其所受教育，不能使爲徵斂之稅官，或攻要職位之法官，亦可成爲商人，而經售糖菓靴鞋之類；刹帝利級之人，若未在印度軍中已有位置，無作戰服役之必須，可以入學讀書，從事於農村經濟之籌計，或經營其產業而予人以便利。又大家庭制度之逐漸瓦解，實大有助於此種職業之自由人在法律上之一概平等，亦爲促成同樣結果之另一要素。

然印度尙有許多階級，依舊爲其職業所限定者，不過其中較爲富庶而有教育之人，亦猛逐潮流，放棄其傳統之職業，而從事於比較適性與『榮耀』之工作。機器之降臨，更足以促成階級與其舊業之分離。手工藝已爲機器所壓倒，在工匠因機器使用而失其經濟價値之時，自不能在變易之環境中而固執其舊業也。且同一業務，將又爲多人所競爭參入，若在機器時代以前，則此等諸人決不想執此等業務。例如階級本非裁縫之人，亦可購置縫級機器一具，而執裁縫之業，因使用機器，比精通舊日之縫級手藝，較爲容易。

是以階級制度之經濟形相，已漸退隱至於背景，而其社會性之效果，或已轉而增強。現時印度教社會之階級分域，已不復有任何實用之經濟目的，大要爲一種社會組織，其根據全憑降生之偶然事實而已。其直接而繼續之結果，爲產生一種深刻與尖銳之憤怒，幾使各階級互相反抗。此種憤怒，有時達於極度，以至不知某一階級之進步，卽爲社會機體一部之進步，且亦爲整個機體之進步，反而各階級之人心常充滿一種憂慮，唯恐他一階級之獲得較多利益，於是日常所努力者，不在改進本階級之地位，而在壓落其他階級，使歸於同樣低劣之水平；此項相互之猜忌與惡感，爲現時階級制度之最可痛惜的結果。

五　社會的結果

階級制度，不過社會中所發展的排斥傾向之模印。回教徒侵佔印度，其令人難堪之態度，更增強此種排斥性，竟至變爲精神優越之徽記，雖非物質繁榮之表徵。在事實上，凡人之物質繁榮愈少，則欲樹立精神優越之要求愈切，且常憑藉衣服，食物，或行爲之怪異奇特，以達其要求之實體化，而其實際之表現，採藐視其餘一切人衆之方式。在有些事例之下，此種藐視，產生深刻之怨妒，若至以某人之祖先血統爲不純潔，因而視爲卑汚時，則仇恨生焉。許多細小階級，均由此憤怒之方式而造成，負有此卑劣之徽號。有時比較更微之原因，竟亦足以形成一新階級，例如鄉村之中，有人誤食或僞吞禁止之食物若彼從婆羅門級內之人，卽因此變爲低一級之婆羅門矣。此種作用，使階級與細目階級之增加異常神速，原來四階級之所以分化爲數百階級者，職此故也。卽在所謂最下層階級中，亦竟有此分化作用，對於同教之其他階級，彼等皆爲『不可接觸』之階級，但在其本級以內，不可接觸與優劣之程度，又有無數等差。

階級制度之社會的結果，已爲極端不幸。在階級嚴格組織之死板社會中，個人之地位，在其降生伊始，卽已確定，而此地位之在此世此生，絕不能因任何環境而變改。此乃完全否認『人生爲人』之尊嚴及『個性自主』之原則，對於社會之損害，在各方面均屬可怖。此種制度，違反宇宙中自然選擇之法則，若人人養成『不要疑問』之習慣，則社會亦有死滯之穩定。因此人民之創造力，斬削殆盡，努力奮鬬之信仰，喪失無餘，而有害無益之定命論，乃盛行爲最高權威。階級制度之最壞結果，卽在於此。但無論爲善爲惡，人民常在發問，自教育普及，與自由討論發達而後，發問之問題更多。舊社會之組織，在使下層階級之生活，完全依賴上層階級之善意，印度之農村制度，卽爲此事之一例。每一下層階級，各受特定之工作，其工作之報酬，純出於土地之生產品，而土地則幾全爲上層階級所霸佔。下層階級之生活，只能由此維持，別無他法。在以境遇為結構基本之社會中，契約締訂之事，自然不能容忍。由此，階級制度除少數幸運者外，使全民陷於萬劫不復之境。

且由是釀成之憤怒情感：在被視為低劣階級之人心中，潛殖默長，雖或出於無意，為時已數百年之久，到今日勃然而兇湧爆發，已遍見於全國，其威力之猛烈極甚，使五十年來愛國志士們所艱難締造之政治統一性，曾不一瞬而消溶於階級爭持之火焰中矣。然不幸之事，猶未至此而終；人為社會化之動物，同情與團結之達到，須由相互認識與瞭解而來。而階級制度，實際不許人民密切聯合，彼此階級，不得同飲，不得通婚，故相與容協之偉大機緣，已斷絕無存。吾非謂階級之規約，處處皆為人所嚴密遵守，實亦未盡遵守，在富庶之階級中，財貨與教育，已使規約之效力稍減，但即在此輩之間，其社交範圍，亦屬有限之性質，除會客室之儀容禮貌外，少有其他耳。通常各階級間之社交，限制如彼其甚，幾至等於數學上之零位，不過大城大鎮，則為例外。此種情態之異奇表現，即在印度之方言小說中，亦可以窺見，除少數事例外，小說中之描寫，從無道及卑賤與屈辱階級之人事者，此蓋由於著作之人，大多為幸運階級之輩，對於下層貧苦，絕無所知，「統一」二字之內涵意義，未嘗刺入其心靈之深祕處也。

此等景象之暗淡淒愴，現亦稍有轉變，因階級之覺悟，已引起誠懇之努力，從教育與經濟兩方而改造此奇異階級之命運，同時且富有希望，覺悟所常採之狹小形式，將由教育之普及，與平正思想之發達，逐漸擴大其眼界，而成為民族觀念之覺悟。婆羅門改進社，雅利安改進社，賤民階級傳道社，印度社服務會等機關之可佩工作，以救治階級制度之鴆毒，更令人不問恐怖之過去與爭鬬之現在，而希望光明之將來；吾所述階級制度之結果一文，亦可以樂觀態度而作其結束。

印回二教之聯絡（李頓）

印度之民族成份，以印度教人與回教人爲主幹，二族之宗教絕異，習尙不同，衝突毆鬬之事，時有所聞。在政治方面，印度教人有『全印國民會議』爲革命活動之中心，回教人有『全印回教大會』爲聯絡回教之主腦，然兩會之目的不同，利益互異，形成鷸蚌相持之勢，大英政府乃得操縱於其間；印度民族革命之困難甚多，此實爲其致命創傷。甘地先生爲印度教人，宗教信仰甚篤，因此回教族人頗嫉忌而反對之，雖回教領袖，亦有與甘地相友善者，然不能犧牲成見而竭誠合作也。本文爲英政治家李頓爵士（V. A. G. R. Lytton）所作。渠於一九二零至一九二二年任英國印務部副大臣，曾充印度代表出席國際聯盟，又於一九二二至一九二七年任孟加拉省總督，中間在一九二五年代理印度督憲大臣之職，在英國可算『印度專家』，其經驗之豐富，見解之偏私，自不待言，但對印之態度，亦比較深刻。吾人閱讀此文，益信『人必自侮而後人侮之，國必自伐而後人伐之，」豈獨印度而已哉！

——譯者附識——

一　引言

叢集於印度政府問題的許多困難之中，以印回二教間之關係問題爲最棘手——二教族人，爲構成印度人民之兩大要素。若人民全爲印度教人或全爲回教族人，則政府之問題，大爲簡單，且調劑各省或各族之利益——無論其差異如何——亦不難求得方法，但現勢既已如彼，印回二教之問題，幾於各省皆有，其他各種分裂之原因，亦由此而實現。所以在任何印度情形之研究中，對於教族異點之可能調協至何程度，及形成一種超教觀念之國家實體的希望如何，有值得考慮之價值。

二　幾種事實

此問題之主要事實，須首先提出。印度教人與回教人，皆非此邦之土著，因二族原先均爲外來之征服者，不過居此之時期已久，二族均可視爲此國之原有人民。全印半島均爲二族人民所散居，但其分配之數量則不平均。在英屬印度之九省區以內，印度教人之數目，遠多於回教人之數目，其比例約爲三與一——實際人口，印度教人爲二一六、七三四、五八六，回教人爲六八、七三五

省別	印度教	回教
麻打拉斯 Madras	88.64	6.71
孟買 Bombay	76.58	19.74
聯合省 United P.	85.09	14.28
畢哈與阿利薩 Behar & Orissa	82,84	10.85
中央省 Central P.	83.34	4.05
亞森 Assam	54.34	28.96
孟加拉 Bengal	43.27	53.99
旁遮普 Bunjab	31.80	55.33
西北邊省 Nor.hwest Frontier P.	6.66	91.62

、二三三。印度教人以南部爲多，回教人以北方爲盛，在英屬印度之九省中，印度教人在六省占大多數，回教人在三省占大多數，略如上表；

所以僅由數字觀之，卽知印度教人，實爲印度人民中之比較重要一部，且其教育程度，高出於回教族人，尤足爲證。印度教人之所以較有教育者，一半由於兩族國民性之不同，一半由於回教人之受教態度。當英文成爲教學之工具，與學校考試之媒介時，回教不願放棄其波斯文字，因自回教徒征服印度以後，波斯文爲其宮庭中與文學上所應用之語言；於是回教學生之英文程度不佳，在學術競賽上，遠落於印度教人之後。就孟加拉省言，回教族人，有百分之九十爲農民，絕無所謂教育；間有高深學識之回教徒，亦爲新近產物，且卽在回教徒占人口百分之五四省份，亦難見其學者。不過吾人又須顧到一種事實；回教人之居住，多在北印強悍好鬭的民族之間，及在西北邊境，與阿富汗接壤的荒山窮谷之內。二族常存較量氣力之心，印度教人恃其較大之數量，與較優之智力，回教人則恃其強悍作戰之技能；每有競爭，雙方各自信其才力，必可取佔優越地位。在一種分部制度的政府之下，英人官吏握其大權，兩族爭攘之機會，較爲少有，且在大英統治下所形成之國家中，養成一種同爲國民之概念，使印回二教之人，獲得行政之經驗，又由共同政治機關而達到其團結。

但最近二十年來，民治主義成爲印度政客之理想，尤其在最近五年之間，此項理想漸近於實現，於是印回間之敵視，愈爲尖銳，其爭鬬之機會，愈爲繁多。一般印度政客，深知此種分裂之不利於其運動，乃歸咎於英國政策，發爲聊以自慰之言，謂統治之主人，故意造成其教族間之妬忌，以防阻印人之聯合，而保持其制馭。此項信念，對於國人之傲慢，差足快慰，但忽略情勢上之兩種重要事實；(一)兩族間存在之唯一聯合，只能求諸於同爲一國國民之誼，而此一國，乃爲英人之創製物；(二)欲求此國之民主化，其爲英人之理想也，不亞於印人之理想。

三　幾項異點

吾人須考慮之再次一點，即爲印回二教間差異之性質。是項異點，爲時間與教育所能消除之異點呢？抑爲永遠防阻二族的政治聯合之異點呢？其最先與最著之異點，當爲宗教上之差異；回教徒主要爲一神教之信仰者，神之統一性，爲其宗教之基礎；印度教人則承認多神，其所崇拜諸神之體性，象徵於無數之偶像，普通所視為神聖，或奉為神明者，不獨限於人民手製之偶像，而且及於有生之動物，與自然之景物焉。信仰差異所釀成之仇恨與恐怖，其兇惡如何，觀於世界之宗教戰爭，及基督教內天主教徒與新教徒之鬬爭，可以為證。倘印回二教之差異僅限於崇拜儀式，則此分裂之原因，倘可望其歷久而漸銷，如其他教派之所已成就然；但二教間之社會的與種族的異點，亦為同樣強烈，且其調和更為困難。

在回教徒心目之中，印度教人不僅為偶像崇拜之徒，且為其祖先昔日所征服而統治的種族之苗裔，故對於印度教人之態度，不視為同等之同國同胞，而認為國內之劣等階級，若能自由行使權力，將屈服之而使執臣妾之役。在印度教上層階級之心目中，回教徒無異於其教內之賤民階級，不許登其堂而入其室，不可用為佃戶僕役，須完全屏棄於其社交範圍之外。雙方各以其對方為潛伏之仇敵，一面輕視之，又一面畏懼之。近年二族鬬爭之最要原因，為印度教人之宗教遊行隊，經過回教寺廟時而大奏音樂之問題。印度教徒爭持之理由，謂奏樂為其宗教儀式之要點，故為宗教遊行上之必須點綴；且引證英國樞密院之一種新近決議案，以擁護其要求，蓋樞密院已聲明奏樂遊行於公衆道路之宗教行動，爲人民之普通合法權利，任何礙此利益之阻禁，乃爲妨害民權，引起憤怒。

在他一方面，回教徒謂奏樂於其寺廟之外，擾亂其祈禱之虔誠，亦引證維多利亞皇后在接受印度統治權時之宣言，以辯證其要求，責望政府對其宗教行爲，保證安寧之祈禱。此等問題若有相當限度之忍耐，與善意，實不應引起任何嚴重之困難；印度教人遊行過醫院之時，常請其暫停音樂，不聞有所怨憤，又過基督教禮拜堂時，亦有同樣之請求，小聞有所反對。可惜近年以來，二教間之緊張關係，使雙方皆藉此問題而較量氣力——一種兩方所能施加於政府之壓迫的試驗。雙方已表現極大限度之無理行爲；印度教徒偏欲選取回教寺廟所在之路徑而遊行；回教徒故意在非禮拜時間而集衆於寺廟，專爲反對印度教徒之宗教遊行。因此，嚴重之擾亂，常發生於全印，造成許多生命喪失之結果。現在印度教徒之宗教遊行，常須加派警察，以爲保護而防範。

此類事態，爲印度所特有：在世界他國，回教徒與非回教徒之民族，共同居處，安然無所困難；今在印度之仇恨，必須尋得其根本原因而去之，然後完整之印人國家，始能確立。印回二教各畏其對方優勝之恐懼，爲近來憲政進展而致之優勝可能所增劇，然此亦爲病徵而非病源；凡誠意欲知其病害而求實用救藥者，必深一層考慮，以得其根本原因。近代心理學家，常以個人之無理偏見，歸原於無意識之動機羣衆之仇恨嫉怨，或亦有其無意識之來源，自屬可能。印回二教間之相互偏執，據回教或印度教個人所作之解釋，乃近似心理學家所謂之合理化作用，而此合理化作用中之最著者——因此作用使雙方完全脫責——則爲此種聲稱：印回二教間之爭端，爲統治之英人所縝密製造，以穩固其制馭權能。此種便利之自解自恕，其謬誤不辯自見；即使英人有此政策，若無印回二教本身之默許，則亦絕無施行可能也。一種嫉怨之存在，如此其顯著普遍，如此其不合理由，只能以「創傷之情意」而爲解釋，此種創傷之情意，未爲人所瞭解，因已溶化於印度教人之羣衆無意識中耳。

包克利喜爾博士，近在印度精神分析學會宣讀一文，有饒興趣之提示，謂印度教人所富有之「宗教易感性，係與女性神祇相關——如伽利(Kali)突爾伽(Durga……)等女神是——故其所有之印度國家概念，亦與婦人、母親及處女等觀念相聯，因此，彼等對於回教徒之惡劣情操，實源於一種無意識之仇恨，因回教徒曾爲征服者，破毀其可愛之母國矣。此項情感，更爲殺牛一事而激觸，只有回教徒殺牛祭祀，其行動爲特殊之挑釁，故回教徒之年祭大節，實爲一年一度之激怒原因，使二教之宿怨情感，常存活現，否則同國同胞之誼，與公共利益之需，亦可消滅舊仇於無形也。」博士之此種提示，值得回教與印度教中愛國志士們之嚴重研究，兩教和好之途徑，由此出發，較有希望，比政客欲以精確平衡之文約達到表面虛飾之同意，有效多矣。

在地方行政上，印度教人與回教人無和諧合作之困難，若二教之領袖，但能研究其宿怨之基本原因，並認識今日象徵於彼此教儀之原始觀念的淵源，則國事之協力合作，當非絕不可能。雙方對於牛之態度，或爲整個問題之主要關鍵，而印度民族主義之最大希望，卽在於此種鬬爭原因之廢除。

四　幾個考慮

在印度新近改革案之試行，使印回二教間之爭鬬益強，余前已言之，蓋改革之憲政，激動雙方爭權攘利之敵對心情矣。就個人方面言，爭攘實無，因印回二教之人，在同一政府之下，得到共同工作而爲同僚之機會，故仇念漸消，形成共同利益之意識。印度教與回教之官吏，就全體論，並無共同工作之困難；在縣市等行政委員會中兩教之委員對於地方政府之問題，皆能以和善好意而應付。即兩族之政治領袖，亦有許多共同之點，能彼此結爲好友。但一到個人集合而爲共同政治活動時，則其黨徒發生尖銳化之教族偏愛，使彼此相待之仇恨，不因以減少，而反因以加強。

印度教人，自信已準備能充分利用代議制度之政府，通常贊成憲法之循民治方向而迅速發展，且強烈主張『公共混合選區』之成立。在他一方面，回教人自覺在教育知識上，與政治組織上，比較落後，甚願進步之逐漸而致；以爲政府機關之民治化，若過於迅速，則彼等之利益，必蒙損害；彼等之所需者在相當時日，以改進其族人之教育程度，取得在政務中較大比例之職位，及發展一種有組織之政治意識，然後始能應付民治政制所含之嚴厲競爭。在目前形勢之下，彼等極端堅執「分族選舉」之必需，且確信選區以族爲單位，爲保護回教利益所絕對重要之事。

凡由抽象理論而討論憲法問題之人，必然同情於印度教人之主張混合選區，因彼等所持理由，謂在回教人爲印度教人所票選，與印度教人爲回教人所票選時，部落之利益，或可消滅，國家之觀念，可以發生。但實際之政治家，必須於抽象理論之外，兼顧教族之恐懼與其偏見，在現在時候，任何在印度設立混合選區之嘗試，必將招致全體回民之反抗。回教人民在印度占人口之少數，凡對少數無切實保障之制度，均不能爲回教所歡迎。歐人居民，尤爲較小之少數，在此事上亦贊成回教人之主張。

在印度議會上次開會時，督憲大臣曾致動人之開幕詞，渠對印度近來喪於教族鬪爭之生命衆多，深致惋惜之意，並表示願意召集雙方代表人物開會討論其差異之點，努力求得一種實用之同意。如此會議眞能舉行，無疑地大有價值，且主持之人無有比歐文勳爵而更爲合格者。不過現在情形之中，有一事足以嚴重妨礙任何領袖會議之成功；卽此等出席之領袖，不論其可成之合同如何，自知無力使其本族教徒之信行耳。

此種困難，印度教與回教人之代表，一九二六年春，集會於加爾各答，討論回教寺前之奏樂問題時，已有其經驗。當時出席之領袖，皆爲足智多謀之士，若決議權全操於彼輩之手，則成立合同，必無困難。但印度教與回教之雙方代表，深知若本人稍有退讓，必爲本族教人所唾棄，於是兩方各執一端，僉謂任何決議之成立，須爲政府之決議，以行政權威而強加於雙方焉。將來或有一日，此歷年鬬爭與流血之集合結果及雙方絕無由此獲利之可能，或可使兩族疲於爭殺，而信託代表以訂立和約；一到此時，且只有此時，領袖會議庶能召集而有成功之希望。

在歐洲大戰以前——一九一四至一九一八年，世界各國，無願以國家利益而交託於任何國際仲裁機關者。大戰之經驗，纔使國聯有成立之可能；國家利益衝突之回憶，纔使國聯能進行其工作——現在則困難又多。而在印度國內，兩教敵對之民，尚未確知鬬爭之無益，以至不能接受歐文勳爵之調停美意。好在疲於爭鬬，而渴求和平之人，其數已逐年增加，想不久以後，此兩大教族，將知由破壞而行，一事不能成就，由合作而行，全民政府可以成立，在此政府之下，各教可享同等之正義，有同等之機會，爲個性之發表焉。

印度宗教與中印溝通（克禔馬漢沈）

印度國際大學，宗教哲學教授克禔馬漢沈（Kshiti mohan Sen），曾於民國十三年春，偕詩人太戈爾先生遊歷中國，對於中國之文化文物，極爲賞識，且極欽仰，歸印以後，對其國人常有口講筆述之宣傳，盛稱中國文明之偉大，近且預備用方言著論中國文物之小册，此不特熱心之學者，抑亦吾國之良友也。

余與譚云山先生既抵國大任教，常與沈氏討論中印文明之異同，及其聯絡之可能與需要；關於佛教一項，尤爲談論焦點。沈先生以爲中國之佛教，已受中國原有文化之薰陶潤澤，與原有之印度佛教，不特微有不同，且內容更增豐富。印度本身之佛教，其起源固有舊文化之背景，其傳衍亦受時間空間之支配，在表面觀之今日印度似無佛教之軀殼，但細考民情風俗，略有佛教之精神；蓋印人之信仰與習慣，多暗合佛陀之教義，且普通民衆，崇祀佛陀爲眞神之九世轉身，禱誦信奉，卽形式上亦頗可尋索。

中印過去之友誼甚篤，但受歐化之影響，與異族之離間，彼此之隔閡遂深，中國不明印度，印度亦不知中國，懷疑誤會，惡象流傳，此不特印度之不幸，亦爲中國之損害。沈先生有心人也，特譯述是篇，使人知中印之確爲良友，文化之可以互通，佛學之可爲媒介，聲應之可相借助，所關於民族前途，與世界和平者甚大，吾人未可近視而忽之也。

——譯者附識——

一　緒言

一個人自己不知自己，也許是一種不幸，因爲此等自知之缺乏，可以引起許多不便，甚而至於困難。不過欲求免於是項缺陷，吾人不能全賴本身方面之單獨努力，更須追求局外方面之援助，可以比如明鏡，吾人欲自知其形相，必藉明鏡而照映。但若明鏡不充分平滑而清朗，則吾人之面目將失眞態，而誤映於其上，故吾人所能用以確實完成自知之工具，除一良友外，別無其他。蓋良友之心，既不爲自私自利所掩蔽，义不爲卑鄙動機所汚染，由此明鏡吾人可以確切自知，良友之對於吾人，一本親愛，且其親愛絕非起於任何私計。

東方各國，現在多依賴西方之人，以研究其本身文化之歷史，西方學者對於本題所表現之努力與勞苦，良堪嘉許。不過吾人所不能已於質疑而發問者，尙有數端：此鏡是否常能保持平滑清朗，而反映吾人所需之眞確形相耶？相之本身雖屬優美，豈不因自私動機與狹小成見之參與，而有時竟變爲無限模糊與醜惡耶？吾人豈能長賴此常時騙人之破鏡耶？對付此等問題，吾人不能求獲利於此鏡之回答，深爲抱歉！東西兩方之關係，現在顯然無甚親愛與友好之可言，因此互相瞭解而可致善果之機會，破毁無餘。吾人感念事勢之不應如斯，同時懷抱樂觀之希望，試求有無其他良友之存在，可以助益吾人而完成其自知者，如此良友，印度幸而可求於中國，其過去對於印度之高尙關係，實爲吾兩國民族大可自豪之快意事，而此兩大亞洲古國，復欲重與其密切友誼，又可視爲當代之一大事業焉。

二　印度宗教之複雜性

局外援助，可以藉求吾人自知之知識，既如上述。但吾人不能將謬誤過失，完全歸咎於局外之人，吾人自身見解之缺陋，亦有其應得罪責。因此種淺見阻障中途，使吾人不能正確瞭解印度，實際危險之發生，常在吾人偏執成見與眼光狹小，在印度發見其本身創作之可憐形相，以為古代之印度文化，純屬吠陀（Vedic）或印度雅利安（Indo-Aryan）民族之活動。吾人現將討論此完全錯誤之意見，且試求發見富有力量之原素，此等原素，已歷代盛行而發表印度之優秀理想與文獻，使在全世之廣，尤其在人文古遠而偉大之中國，皆有其羨慕與向往之人。

今日之專家學士，幾於同聲一詞，認為印度遠在紀元前二千年時，當吠陀或印度雅利安民族侵入之先，已有一種宏博顯著之文化。與此有連帶關係者，吾人亦須知嗣後復有各種民族之侵入印度，而即以為家鄉，故在研究印度民族之宗教信仰，與精神文明史中，吾人必須經歷各民族與各時代之不同階層，而尋其痕蹟。印度之宗教歷史，與歐洲宗教之侵入澳洲美洲歷史，適成鮮明之反比，因歐洲宗教之侵入其地也，非到實際消滅土著之文化與宗教時，甚而毀亡全部土人之種族時，不甘休止；而在印度歷史上，吾人絕不見有此等消滅他族遺產之嘗試。其中原因，或因此項行動之不可能，或亦因其全非必要；吾人所可首先承認者，則在此等排斥行爲之動機，實不含於古印文化之中，死板統一，絕非古印文化所追求，而歐人基督教之傳播，則以酷愛死板統一爲特色。在彼等宗教之熱烈暢行於各地以前，對各該地之其他文化與宗教，必設法剷除，不留絲毫可識之遺痕，於是後來嚴重性之各種社會與宗教問題，可以有效而遏制其發生，此類事實，印度絕無。吾人今日所以遭逢各種社會與宗教問題，使目的在以刧持印度爲最佳希望之他人，得以利用而遂其陰謀。

卽在吠陀民族之侵入以前，各種宗教原素，自外界先後相繼而入印度，但未嘗互相仇殺，反之彼此共居，誼若芳鄰。宗教與文化之類別甚多，共同發榮，造福於印度之文物，使其充滿奇特之多面豐富，且擴大人民之宗教心情。

三　印度宗教之包容性

如此複雜之文化，及其互異之宗教觀念與習慣，能共立並存於印度，此事使印度成爲研究「比較宗教學」之最宜地域，不過此例情形，對於一種政治力量之發達，不幸而絕非順利。但就其整個歷史觀之，印度對於外來入境之一切宗教，從來給予慷慨大方之寬容，吾人不能謂其有何弱點存於背裏，因在多數情形之下，外客每到絕境之時，卽向印度求其恩遇，例如當基督教勃興以後之俄頃，其時該教未能夢到任何政治後援，如今日之所享受者，有一部基督教徒，來臨南印，備受誠懇與慷慨之接待。但印度因此善行而得之報答，殊爲奇異，有一派西方學者竟出而證明印度宗教制度之最優最美的理論，皆爲此輩新客之賜物！

又當強野之亞拉伯民族，憑藉伊斯蘭名號，攻入波斯，而試行消滅其國有舊教（拜火教）時，印度巴里斯教徒（Parees）之祖先，乃奔來印度，卽得其安居之所。數百年來，印度已蓄養彼輩於懷抱，恰如自產之孩兒，卽令現今之巴里斯教徒，有不願承認其受恩深重於是邦者，然絕不能謂印度之對於是教，未嘗盡其職責。

印度對於外來宗教之慈惠事實，同樣可見於耆那教（Jain）史。韋濕屠圖羅（Vastupala）

之夫人，在耆那教之稗官與正史中，為同樣著名之女皇，曾令為各派宗教建立神壇，即非耆那教徒，皆一視同仁，其中最著者，不僅為七百所婆羅門教神廟，而且有八十四所回教寺廟。當此之時，伊斯蘭在政治力量上，依然遠處其國土之外，但如此恩惠，已施加於伊斯蘭矣。然而信奉伊斯蘭之土耳其諸帝，其待遇他種印度宗教信徒之態度如何，凡讀印度史之學者，無不知之。

四　印度文化之成份

現在回論正文，當吠陀民族入印度時，印度之舊有宗教與文化，因與此新勢力接觸之結果，開始冒取各種新異之形式。即無直接之證據，吾人亦敢作是說，因先吠陀之文化，若無存在而滋影響，則印度雅利安民族之文物，絕不能達到吾人所見於有史時代之一種獨特發展。

印度以外，尚有雅利安民族，但印度雅利安民族，與之迥異，因已有許多宗教觀念與精神事蹟，為其他雅利安人所絕未聞見者；且在後代之印度雅利安民族中，吾人見其富有許多觀念與事蹟，為初期吠陀雅利安民族所未嘗表見者焉。

凡此現象，不能以自然發達之程序而爲解釋，因爲後代復有某種觀念與習慣之潛入，與吠陀宗教之精神背道而馳，在仔細考察吠陀宗教之中，吾人可知吠陀民族，曾有長期之嘗試，以拒絕某種事件，絕不許其入於祭壇範圍以內之鄰近，而此等事件之能以存在，祇因其寄託於普通民衆之間，與方言土語（鉢剌格里答 Prakrta）之內而已。

除此以外，吾人更見此等事件之根芽，依然在各種形式之中，而存於非雅利安部落之間。凡此種種，足爲吾人作此假說之理由；印度文化之構成，大有先雅利安民族之因素在內，邇來在哈拉拔及麻吶丹打洛二地（在旁遮普省）所有之發見，更予吾人之假說以強大證據。考古學家中之專家者流，斷定吾人發見瑜伽（yoga）及其他關聯之儀俗，至少在耶穌紀元前三千年前。由此欲保持吾人之舊觀念，以爲印度文化之來源，純屬印度雅利安民族，實已漸不可能。吠陀時代之最初期，代表一種比較純粹之印度雅利安文化，但其後印度精神理想之最盛發達，有爲吾人所不見於彼時者。吾人日常生活與習慣所熟悉之認識——如靈魂、輪迴、超度、涅槃、約戒、非武、犧牲等認識，在最初之吠陀文學中，並無存在，世人知此事實者甚少。當時之所謂和愛、忠誠與慈悲，亦爲非常平庸之名稱，與見於優婆尼殺曇（Upanishad）及吠陀後部中之同樣名稱，可以視爲全不相類。此或因此等後來之發展，不全由於雅利安民族之影響，而爲此二文化間爭持與綜合之結果，如此則以印度文化爲絕對印度雅利安性之要求，不復能存在。

在印度文化進化中，吾人竭力認識先雅利安文化之爲其適當成份，但非謂祇有優良之點，出於是項來源。大部份對於宗教之俗見，及吾人所謂各種迷信，皆可追源於先雅利安民族之'文化，例如神妃（Sakti）及其他女神之敬奉，各種癖好之儀式、動物、樹木、河流及浴場之崇祀，顯然出於是源，及其他外來勢力，結合形化融會於印度宗教生活之中。

祭祀爲吠陀宗教之重心，故其祭壇附近，爲吠陀文化與教育之發榮勝地。反之先雅利安民族之部落，則以浴場爲其文化與宗教之中心，此因遠在雅利安人到臨以前，印度常感雨水缺乏，故其信仰卽託於此，近在麻吶舟打洛所發見之古代遺物，足爲此事之一證。

五　佛教之淵源

由此遠在往古吾人卽見有吠陀（Veda 其形容詞爲 Vedic）之信徒，及與浴場崇祀相關之特爾漆克（Tairthika）釋伽牟尼及摩訶維拉（Mahavira）與其他大師等，均屬於後一團體，反對吠陀之教義。耆那教徒稱其教師爲迪爾山克那斯（Tirthankaras）卽浴場創造者之意，並以其浴場與最高之精神理論混爲一談，而此等理論絕對異於吠陀之教義，印度哲學大家如伽那丹（Kanada）及伽畢拉（Kapila）諸人，常被視爲此等異端理論之闡發者。

就吠陀之理論言，神爲超越於人，而特爾漆克則以最大之注意，加諸於人，獨於神祇除外。吠陀民族之最高鵠的，爲一種在此世之理想的家常生活，及在來世之快樂的天堂生活；特爾漆克之理想，則爲現在之一種苦持生活，及將來之最終慾物解脫（涅槃）。彼等相信眞正之宗教，當以實行節慾爲起始，蓋絕慾乃能實現本身內之完全均衡與諧和。成立此種諧和之方法，釋伽牟尼及其他類似之大師，已有創製之說明，故在印度之宗教生活中，佛教實非一種偶發之現象，釋伽牟尼之所爲者，在以本人之高尙人格，與偉大事業，將舊有之優良原理，如博愛與戒殺諸端，予以實際生命而中興。由此觀之，佛教爲一偉大之宗教，與注重人事之印度舊教流風，原來密切相聯。

一種文化的觀念之豐富，卽表示其觀念之紛歧，此種紛歧，常引起派別不同之意見，其結果往往不可樂觀。吾人甚願有一種綜合之見解，能在表面不同之各派意見中，發見其主要統一之點，但因人性之天生缺陷，此事常不可能，某種派別，常受反對，而認爲低劣，於是紛歧之性，發生奇異之不平，有些派別之信徒，逐漸因此而歸於擯棄。但印度則未嘗接受此種情形，而無所反抗，哲人如羅摩(Rama)訖里史那(Krishna)釋伽牟尼及摩訶維拉諸賢，其使命常在消除人爲之低劣界限，而調協衆生於均一。印度之所長久敬信者，祇在如此賢哲，而不在戰場上之勝利者。此等賢哲，大多爲刹帝利級(戰士)之人，因此級與婆羅門級(教士)共同享有教育生活。欲接近新眞理而承受之，必須有質量之智育生活，故婆羅門與刹帝利二級，與他級之人相較，其地位更爲順便。不過卽在二級之間，刹帝利之機會尤佳，因不若婆羅門級之人心，常爲機械之宗教儀習所拘執而狹隘，刹帝利級之人心較爲寬廣而自由，故刹帝利級之有哲學家，常佔印度古史上之前茅，或職是故耳。

吠陀教四而受各種先雅利安人之部落，及其後數量較強之人衆所包圍，常有喪失本身之恐怖，因而忙於自衞，以保全境界，故教義漸狹，富有排拒性，吸取而同化其他各教之機會，不能存在。但與其相反之後來各教，以和愛、忠誠及精神學問爲特色者，則能吸引包容同化許多外部之原素。例如在佛教、耆那教及在濕婆（Siva）與毗濕紐（Visnu）各派之內，自早卽已容納許多外來民族，如撒集安及匈南等是也。

六　佛教存於印度生活

凡此悉爲印度文化『層疊作用』之過程，現在吾人須更就各層作較詳之探討。當雅利安人來到印度之時，卽見是邦已有遠古之博大文物。吾人欲知此文物之優於雅利安人本身文物，一觀麻呐丹打洛之考古發見，卽可明瞭因此項發見將偉大之城市、道路、宮殿、蓄水池等遺蹟，及高尙之珠玉手藝，雕刻圖案與山水人物之畫繪，存於耶穌紀元前三千年之先於雅利安民族時代者，呈獻於吾人驚怪眼簾之前矣。

但先雅利安民族之部落，既享有如此較富而較優之文化，何以受制於雅利安民族耶？此中回答，卽在雅利安民族之有馬冑二物，而先雅利安人之部落，則付闕如，故雅利安民族之人數雖少，然有堅甲利兵，善於戰鬭，無敵於疆場；土著人民，遂不能不屈居於征服者之文化勢力下耳。但此被屈之文化，未嘗全體消逝，潛滋默長，逐漸吸取雅利安人之較低文化，於是征服者反在被征服者之手下，受到更深之失敗。

雅利安民族以神爲領袖；先雅利安民族之部落，以人爲依賴。彼等欲人有人之觀念與知識；彼等之天堂，存於現世而不待於來世；在彼等心中，一種天堂之樂，可由節慾與默靜在本身內求而致之。

因此兩種見解之綜合結果，人或漸能認識其本身內之靈魂，與全宇宙中之主宰。此兩認識，繼續使人性光輝，內心生活之成份，逐優於任何天堂之富厚寶爐。（Guru，精神上之指導者）既爲導向此項認識途徑之人，故視爲高出於神；實際主教之地位，爲獨一無二，就此而論，神之位置，居於人類以下，即僅爲抽象觀念之宇宙主宰，亦逐步變爲人化；此人化之作用，可在濕婆及韋濕紐之認識，與摩訶衍（Mahay）及佛教之佛陀中，追探而注意之。是項神祇人化之認識，增強忠誠、和愛及其他美德之實行，毋足怪也。

佛教在開端之情形如何，吾人不得而知，但自其原起之口授時期以還，必已漸次爲人性之和愛與忠誠所增益而豐富。佛教經歷代之傳播，而達於遠近各地，其教徒亦分爲各派各宗。此種分化，對於近代之研究佛教史者，雖有不便，然足以表示各時各地人民之榮譽，蓋任何原理若求生存不滅，必適應於所在之環境，否則咎在其義理之寒窮，毫無可貴人之蘊藏財富與知識於死錮的箱篋及頭腦，不使有行銷與發達之機會者，不能稱爲善人。

化學分析家之工作，在研究靜物，但生物學家之業務，在探求生命，及考察有生之物。凡興趣在追窮佛言以求眞理之人，則如化學分析家一般，便當求之於陳古佛經，在有生命之人民心中，當然無此類事實。佛教之原理，深印於印人天性，發育如有生之物，表見於各種方式之中，於是吠陀之宗教，逐漸爲之吸收而融會。通俗來源之宗教，如何漸次戰勝吠陀式之禮祀，上述各情，特爲其一例而已。此種事實之知識，在主張印度文化源於吠陀論者心中，自必深致痛惜，但據生物現象而觀，一種生物常吃其他一種，則前項作用，亦屬自然，雖吾人在本身之日常生活中，可以時常感覺吠陀之威力，但於今日之社會與宗教活動中，欲發見此種「聖書」之痕蹟，則尚須聰慧與深刻之研究。

七　佛教爲印度之精神

佛教廣播，達於中國，但抵達以後，卽生不同之各宗，以滿足其差異的地方環境之需求。若無此種發達，則佛教必不容於偉大而久遠之中國文化，同時中國文化，亦難免精神與慧智上窮荒之譏。印度今日之宗教，雖有少許之吠陀彩色，存於其間，但實際爲佛教精神所薰染。最先指陳此事此理者，爲十九世紀之印度研究專家密屈拉（R. R. L. Mitra）但根據事證而確立其說者，則爲婆羅門級之普拉煞特大師（M. H. Prasad），此公與徒衆，對於佛經及其有關問題之著述，含有闡明此事之資料淵藪。

一九二四年，余偕太果爾先生遊觀中國，在北京（現稱北平）寓所，有佛徒代表於五月九日進見太先生，其中如孔、張、徐、李、諸先生，均爲中國名宿，問及印度佛教徒之人數，太先生告以印度敎（Hinduism），在其自由發展中，已融會佛教在內，故佛教存於整個之現代印度教人中。五月九日，中國人士在中央公園舉行歡迎會，太先生因事缺席，余代答許多關於現時印度宗教生活之問題。

學者梁漱溟先生在座，亦以印度佛徒人數一事相問，余卽以太先生答語答之。印度之宗教，在其整個歷史演進中實際有類此之發展，故單稱之爲吠陀教或佛教，均欠妥當。此種發展之故事，可與恆河之發展相比擬；在窮此「聖水」之源頭時，吾人祇見一無關重要之溪流，但旣與無數溪流匯集以後，則漸成大河之形而汪洋奔放。任何正統派之印度教徒，無論其對於各支流之知識若何詳明，終不能不認整個之恆河爲神聖而恍然於恆河之爲恆河也。

在基督教中亦有同樣變遷之作用，凡讀歐洲文化史者，無不知其事實。基督教中之習慣、儀式及佳節等，大多數很少與耶穌當日所實際言行者相合。但一部歐洲之東方研究者流，在談論東方宗教之時，便忘卻基督教本身之事。

正如無數溪流之水，旣與恆河會合以後，不復保存其原有各別之名，而共享恆河公有之地理形勢；同樣各種先吠陀及吠陀之因素，一經融會成印度之宗教後，不復能保留其個別之重要，但集合一致，而有印度教之稱；因 Hind 之義爲印度（India），Hindu 之義爲印度的，故印度之宗教卽等於印度教（Hinduism）。此種名稱，原爲外人所製造，須用如此名稱以描寫印度宗教者，自然亦祇有外人而已。

八　佛教分宗派而無戰禍

卽在其祖國以內，佛教亦代有變遷，分成許多宗派之研究；此種變遷或發展，實亦勢所不免。不過今日印度教與當年佛教各宗間之差異，遠不若當年各宗派間彼此差異之大。佛教在中國，自然經歷巨大之變遷，且分成無數宗派，但今日印度教之異於原來佛教，恐不若中國佛教異於原來佛教之甚，故中國之佛教徒，不能視印度教爲佛教以外之另一宗教。如前所述，凡一宗教，必須視時間與環境爲轉移，而變化發展，否則奉行此教之人民，殊有拘泥衰老之譏；且論史者若不能由此時間與環境所形成之表面差異中，以認識其內部之實際同一性，則其咎責更有甚焉。

中古時代，基督教派間之關係，充滿戰鬬與流血，因而以其『裁判』與其他殘忍之組織聞名，其情形幾非今日所能想像。但今日之基督教徒，侈言其比較優尙之人數力量，實已忘卻其過去之痛苦紛爭與派別差異。

但此種基督教徒，明知佛教徒與印度教徒之人數，若聯而合之，遠大於其本身，故善自爲謀，設置步驟，以討論二教間過去紛爭之歷史爲名，欣然結斷，若毫無主觀意見者然，謂印度教與佛教截然不同。但凡讀印度史者，無不知其實情，昔日基督教徒在歐洲之仇殺惡鬬，絕未嘗發生於印度佛徒與非佛徒之間，其中偶有表面之爭，只可比諸一家親屬中之意見不同，然血統則極爲親密。此種意見之不同，原無足怪，卽在印度教徒本身中，如溼婆派（Saivas）神妃派（Sāklas）毗濕紐派（Vaisnavas）各派及在伊斯蘭哲學派各系中，亦常自有其同等嚴重之爭持，同時攻乎異端之習，固所不免，然彼此互助而惠贈往來者，亦常有其例。吾人現有碑記，紀錄神妃派之王大發慈悲，建一佛廟；佛廟又有一佛教皇帝賜地而建立毗濕紐派派之神廟，更有一毗濕紐派派之皇帝，爲佛教贈建一廟；至於耆那教女子之建立婆羅門神廟與伊斯蘭寺廟，尤爲特色，前已言之。在歐洲之全部古代史上，吾人能尋獲類此之一例耶？但此類互助互敬之事，在昔印度之宗教派別間，殊爲慣見常事，不幸在近代各教派間，竟變爲可惜之爭抗精神，此殆受有第三者故意挑撥之影響，實無疑義。

今日之基督教徒，靜坐而批評基督教以外之宗教時，常易忘其本教在中古時代之殘忍兇殺，對於他教各派間之爭執，則張大其詞，而於其互惠互敬之精神，則一字不提。故吾人常在基督教徒之作品中發見其論述印度教與中國佛教之差異所在，實言之過分而欠當。彼等之言此事也，豈非有意欲使人注意此不足注意之小節耶？自私自利之動機，竟閉塞其可映眞理之心鏡，可歎孰甚！

九　中印之瞭解與聯絡

上述各種出於偏私之作品，對於中印兩國之互相瞭解，非徒無益而又害之。關於中國宗教之謬誤觀念，亦因此影響而流行於印度，余與太果爾先生之居留中國，爲時雖暫，然已深知印人對於中國之誤解，實有負於此偉大之民族。同樣印度與印度之宗教，因受人惡意宣傳，亦被誤會於中國。但雖有此不幸，吾人仍能懷希望而樂觀者，即存有此誤會之人，僅限於知識份子（彼等關於中印之知識，常從印刷中得來）非兩國之普通民衆耳。故中印兩國之間，若能成立熱烈之交際，依適當之方式而進行，則彼此之一切誤解，均可冰釋。吾輩東方民族，因受他人之離間挑撥，對於彼此之間，常有奇異之觀念，故吾人今日所宜努力者，在設置方法以求相互之瞭解。

古時印度僧人將佛教傳於中國，固未嘗以爲佛教之可與印度文化，及其哲學文學、藝術、科學、及技藝等之分割也；故此等文物，亦隨佛教而入於中國。偉大之中華民族，亦未嘗以此等文物之非宗教化而拒之，但一體歡迎，擇其要者而愼譯之，保存之，且於所得之藝術與科學，加以改進而融會之。然則吾人欲藉華人天才所融會印度宗教與文物而發展之文化，由兩國親密交誼之復興，而以增益與豐潤印度之文化，豈過分之奢望哉？在正統派之印人觀之，或許謂印度文化之純一性，將因此外國文化之接觸而喪失，但文化史學者，決不欲聽信如此愚蠢之見，因吾印之文化，頗形衰老，或因壓抑而減少生機，祇能藉輸入中國文化一類之適宜文化，以求補其血液而強其精力。故吾人之歡迎中國文化，有充分理由，因印度之古代文化，已在中國爲華人所潤澤而增益其原素也。若印度之文化，入於偉大之中國，仍爲一成不變，則屬憾事，但中國有哲人如老子孔子諸聖賢，其學術思想之鉅大貢獻，不可言喩。

是以中印兩國之人民，今日應由當有生命之精神努力，以求溝通，於是兩國可以互惠而發揚光大其文化，兩國不同之點，正所以補充彼此之需。

印度之海陸軍（安亞爾）

人民有當兵之義務，所以捍衞國家而保全民族也。若國家已淪爲屬地，民族已變爲奴隸；而人民猶欲執戈服役，做征服者之工具，以戕賊其國族同胞，則誠恥痛之尤者矣。英人之滅亡印度，自昔至今，純以挑撥離間爲手段，以利用印人爲政策，故其戰伐攻取之成功，得力於印人士兵者，十常有八九。現時印度兵力約二十三萬餘人，印人官兵佔十六萬餘人，英人官兵不過七萬人；然印兵多駐於邊境，以防外侮，英兵多駐於腹地，以防內亂；且高級之軍官，與指揮之權衡，印人絕無染指之機會；至於待遇之不平，猜疑之深刻，防制之周密，尤爲慘無人道。印人之稍有常識者，無不言之髮指，而致力於『軍隊印人化』之運動，但統治者方用高壓手段，以掃除印人之民族思想，斬絕印人之復興工具；欲其聽從空言而改變方針也，亦猶與虎謀皮耳。本文爲安亞爾（R. S. S. Aiyar）原著，渠爲印度領袖之一，自一九一二年至一九一七年，充麻打拉斯省務行政會委員，且於一九一七年任『印度國防軍招募委員會』主席，對於印度之軍制設備，知悉甚詳；其所述之事實，足爲吾人研究印度之材料，並使吾人窺見帝國主義者統治弱小民族之奸惡，殷鑒不遠，國人其猛省！

——譯者附識——

一　引言

吾所欲論述之題目，範圍極大，求於普通之論文限度內以言其詳盡，殊不可能。討論此題之法，可由多方面着筆，但吾不欲由職業化與專門化之觀點而討論之，因本人爲一文官，於軍事爲外行，自覺無專門化著論之資格，且社會一般讀者，對於軍事專門之點，似亦不甚感到興趣。故吾所欲言者，只限於本題之普通形相方面，可以引動通常讀者之注意而已。

印度的陸軍，在廣義上說來，不僅包含英屬印度之正規的與職業的軍隊而已，且概括一切非正規的軍隊；所謂非正規的軍隊，乃包括印度補充隊、印度邊防軍、英屬印度陸軍後備軍、及印度各士邦之軍隊，此項士邦軍隊，係印度諸士邦酋王所自行設置，但在戰時，須歸印度政府調遣。印度國防軍之最要部份，卽在所謂『英屬印度之正規軍』的軍隊，而此種軍隊之組成，一部由於英人之隊伍，一部由於印人之隊伍。

二　正規軍之史略

正規軍之源起，可以回溯至於一六六二年，是年英皇派遣英兵一小隊，東來警衞孟買島。其後是島歸東印度公司管轄，此小隊衞兵，亦交由公司指揮。一七八九年，東印度公司之組織章程修改，設置三大省區，每區各有其軍隊。是時之軍隊內涵，一部由英國募來之歐人，一部由當地招致之果亞人與印度人之以兵爲業者，合組而成。

東印度公司對於所轄之軍隊，在一八四八年，始有總司令一人之委任，同年倣法人之所爲，公司在麻打拉斯招募印人士兵一小隊，以保護其在是城之殖民地。東印度公司以後侵奪之領地愈廣，不得不逐步增益其軍隊，其間經過程序，因無庸細述，而公司軍隊之組織，變化多端，亦不須詳談。

迄至一八五七年止印度人之隊伍，凡公司在各處組織者，通在印度人官長指揮之下，克萊武始以英國原素參與印人部隊之中，然猶採保留印官指揮政策，其中英人官佐，比印人官佐爲數較少；一七九六年，軍隊復加改組，英人官佐之參入於印度步兵團隊者，其比例激增，且規定每個步兵團，須有英人官佐二十二人。印人官佐之權力與地位，在克萊武試行變動時，已大受影響，經此改組以後，乃愈爲削弱無幾矣。

三　軍隊之改組

在英屬印度之歐人隊伍，一部爲國皇軍，一部爲公司軍合組而成，經一八五七年之『兵變』以後，改組軍隊之步驟，始行舉辦。且其改良之點，多係依據皮爾調查團所貢獻之意見，結果則使國皇軍與公司軍聯合爲一，以前之界限，由此取消。

皮爾調查團之意見貢獻，殊關重要，有幾項原則，因而規定，即至今日，猶繼續影響印度軍隊之組織，及英國政府之陸軍政策。在『兵變』以前，印度破隊之大部士兵爲印人，在『兵變』以後，歐入部隊之整個威力，大爲增加，而印人隊伍之威力，乃大削減。當時決定印人部隊與英人部隊之數量，永不能超過二與一之比，且野戰炮隊與其他炮隊，絕對或幾乎絕對限於歐人士兵。對於武裝警察，亦視爲未來危險之因素，所以除施維持紀律所須之訓練外，不復加以較爲嚴格之軍事訓練。調查團又提議：軍隊中之印人隊伍，宜招募不同種族與階級之印人爲士兵，使其錯雜混合於每一聯隊；在可能範圍內軍中之科學技術服務，只得雇用歐人充當，且須組織一種印人工兵隊，以代歐人工兵，做暴露於炎熱中之工程。

爲實行國皇與公司歐人軍之聯合計劃起見，一八七二年之卡德維爾計劃，乃提出『連環隊』制度。除在英國國內服務之英軍外，如何爲英屬印度而供給歐人士兵之軍隊問題，欲由此制度而求其解決；即就此種步兵團隊雙雙設置而聯絡之，每一雙團隊之中，抽一隊服務於英國國內，而負責補充服務於國外之團隊。在『兵變』以前，印度之整個軍力爲二七七、七四六人，其中有二四、三六三人爲國皇軍之力量。

一九七九年，另有一重要之調查團，委派東來，以亞希萊艾登爵士爲領袖，目的在考查賦稅，以縮減軍費且貢獻方法，以改進軍力而備戰爭之用。三省區之合計兵力，在一八七九年時，爲二十萬人，其中六萬五千人爲英人部隊，十三萬五千人爲印人部隊。此調查團之主要提議，在省區制度之廢棄，而以各軍統歸駐印總司令之直接指揮：印度步兵聯隊併合爲兩團或三團一體之集團；英人官佐增添於印人騎兵與步兵之中，且軍中印人隊伍之力量，大爲減低。

四　軍隊之目的

印度軍隊之設置，有三項目的：（一）防禦或抵抗外國之實際的或威嚇的侵略；（二）阻遏與肅清英屬印度或各封建王國以內之叛亂；（三）監視與控制各印度封建王國之軍隊。維持治安，保護財產，及平息搗亂之責，則由政府設置之警察負之，各印度封建王國之軍力，嚴限於條約所規定之限度以內，不得逾越，且不准使用新式近代軍器，凡精細之器械，不得供給印度封建王國之部隊，英國政府且不得調集各王國之部隊於一處而使用之。

至於總司令之位置，該調查團贊成取消其在行政委員會之兼職，因爲總司令不能親理全軍事務，而同時出席於行政會議，且此種制度，在任何歐洲政府或軍隊之組織中，皆無先例，顯與健全行政組織之主要原則相背，無論議會制或專制式之政府，絕不會有此理智與經驗。由此調查團之提議，印度政府與總司令之相對位置，應與英國軍政部大臣和總司令之相對位置相同。省區軍隊之分立，到一八九五年完全取消，一切軍隊，統歸總司令之直接管轄與指揮。此項軍隊之改組，以增強其戰鬭力爲目的，自一九零二年委任克徵勞爵士爲總司令以來，幾於時刻爲印度政府與總司令所注意之事。

五 歐戰後之變化

一九一二年，又任命一專門委員會，以尼古爾生爵士爲主席，目的在考查與報告軍隊之數量及組織，如何始爲應付印度軍務所必須。此委員會之意見尚未提出，而大戰即已爆發，以前組織之各種缺點，因作戰之經驗而盡行暴露，於是一九一九年乃有另一委員會之任命，主其事者爲亞孝爵士。此委員會之主要任務，在報告印度軍隊之組織，凡關於軍隊與英國軍部及印度軍部之關係，英印兩軍部之彼此關係，及駐印總司令之二重職責，一爲軍事首腦，一爲行政委員，與其餘有關事項等問題，均在報告之列。此委員會提出許多重要意見而改組之工作，爲羅林生爵士所嚴切實行，羅林生者，一九二零年受任爲總司令之人也；自此以後軍隊之組織，始有許多重要之變更，但改組軍隊內容與改良軍備之各種提議，包含浩大之費用，於是軍費激增，而印度財政，艱窘萬分，復有裁減軍費委員會之委任，以嚴起克背爵士負其主責，經是會之提議，軍費有重大之減縮。同時該會主張軍隊之實力，不可非法削弱，應保留其近代軍隊組織之重要形相，在戰時有擴大之機能。

現在印度軍隊之力量，據一九二八至二九年之統計，在印度本部與緬甸者，共爲二三一、五一一人，其中六萬八千人可謂代表英人官佐，與其他隊伍之力量。十六萬三千人，可謂代表印人官佐及其他隊伍之力量。作戰部隊之整個力量，合英人與印人隊伍計，共爲十九萬七千人，其餘官兵，則分配於附屬之軍事機關，如訓練處、教育處、軍械處、軍精處、軍醫處、獸醫處、補充隊、空軍訓練處，及其他軍事服務處所等。後備兵之力量，爲預算所准許者，爲三五、七五零人。印度軍中官佐之享受英皇委任者，全數爲六、九九八人，而其中印人官佐之享受此職者，在一九二八年四月一日時，只八十四人。軍費之全年預算，當時爲五五一、〇〇〇、〇〇〇盧比，依政府規定之交換價格計，等於四一、〇〇〇、〇〇〇金鎊，而其時全印稅收總額，預計爲九七、〇〇〇、〇〇〇金鎊，足見印度全年軍費約占全國每年總收入額百分之四十二而強。

六　作戰任務

就戰時之任務而論，軍隊可別爲三類：邊防軍、野戰軍、治安軍。邊防軍駐紮於印度西北邊界地域，如有外敵來侵，此軍須打頭陣，以作抵抗，使後方軍隊有充分之時間以動員集中。野戰軍爲任何主力戰中之精銳隊伍，重在與外來敵人作戰。治安軍主要在應付內亂，及維持國內之安全。如無外患而有內亂時，野戰軍可以調助平亂之用，但對外敵作戰時，野戰軍須集全力於戰場，不得有調維治安之命，以分散其力量。

在此三種任務之軍隊佈置間，有一奇異之點，即在邊防軍中，英人部隊與印人部隊之比，爲一比六·七；在野戰軍中，英兵與印兵之比，爲一比二·七；在治安軍中，則比例特殊，英人隊伍與印人隊伍之比，爲一·二四比一。此種變態，必須有理由解釋：野戰隊中英印士兵之比，只爲一比二·七，作戰經驗證爲最有效力之結合比例，差可解釋；而在治安軍中，英兵數量獨多，卽令目的在補充野戰軍作戰時之英兵損失，然英兵之比例，終覺過高，其用意所在，不能不謂爲一種疑忌印人之政策。

總司令所轄軍隊之統制，分爲四區指揮，目的在限定指揮之地域，以求有效之控制，印度地方廣大，內部交通不便，亦爲分區指揮理由之一，其他原由倘多，無詳述之必要。

七　軍事政策

疑忌印人之政策，前已指明，一八五九年皮爾調查團之提議，卽以此項政策爲動機，其影響於印度之軍政，至今未變。印人摒除於砲兵之外，凡須要科學知識之軍事服務，印人不得參加，此卽疑忌政策之一部。又凡訓練之可以發展創作能力，與領導能力者，印人不能接受，此亦疑忌政策之一端。因此政策之施行，印人不能享受英皇委任之官階，近時始略有授予。以前印人不能投入空軍，唐克車隊，印度信號隊，皇家工程師，及皇家砲隊，此又疑忌政策之最著者。現時在皇家馬匹野戰砲隊中，印人有爲馬夫及技士者，在邊防砲隊中，有充砲手，技士者，而在印度海岸砲隊中，則僅有爲砲手者。

因印軍在歐戰服務之結果，自一九一八年後，略有英皇委任職給於印人軍官，其每年特許給予之委任，止於十人，且以騎兵與步兵爲限而已。在大本營中，在指揮部中，及在附屬之軍事機關，如軍糈、輸運、獸醫處、補充隊、軍械處、及軍事訓練處與教育處等，印人官佐，無能享受英皇委任職者；惟有一種低級之委任，名曰『總督委狀』，印人官佐常能有之，然在總督委任下之最高官階，不過一中級校官而已。且有此職位之官佐，不問其職位之長久如何，與服務成績之優良如何，其階級僅能在一新受英皇委任之尉官以下。

印人不准充當義勇軍，迄到戰爭緊急，始有一種地方自衞軍之組織，此亦疑忌政策之影響，且此疑忌，不僅加於人民，更及於印度軍警之各階級與各封建王國。其根據之信念，以爲英人在印度之統治，只能藉助於刀槍，且使印人心中，有永久不如英兵優越，及『白人不可擊破』之觀念，然後可以維持。實則有無數事實之發生，足使英人與印人眼光改變；日本之擊倒俄國，印軍在歐戰時之成績，印度民族覺悟之勃興，一九一七年八月念日，大英國會之宣言，及印度爲軍力富源之發見，已使英人政府之意態略有改變；但不能謂其重大，亦不能謂其深遠，更不能證明疑忌印人之心情，已消滅於英人之心目中矣。

八 印度化之努力

印人在其本國軍隊中服務之不平待遇，及其欲使本國國防自主之自然希望，已再三表示於立法會議之內外。當印人要求自治責任政府時，則統治者答覆吾人非到能自衛地步，不能享受完全之責任政府；當印人要求自衛之軍事訓練時，則又不蒙允予達此目的之適宜方法。一九二一年，印度立法會議初次產生，卽有無數決議案以討論此整個問題；雖有議決案已得印度政府之同意而通過，但任何一案，倘無忠實嚴切之試行。

議決案之一件爲在印度設立軍官學校一所，相當於山德斯地軍佐學校，使印人在此得受各種軍事教育。另一決議案，爲提議英皇治下之印度臣民，應得自由參加印度之海陸空軍，附屬之軍事機關，及各項補充隊伍；又提議印人得依規定之資格標準，同等享受軍隊中之英皇委任官級。更有決議案一件，要求組織一種適宜之地方自衛軍，凡印人組成之地方自衛軍，與歐人及混血人種所組成之補充隊伍，須一律平等，不得有非法之差別歧視。諸如此類之決議案，在當日所通過，表示印人對於軍隊印度化之要求，呈獻於印度政府與總司令之前，求其施行者，實不勝枚舉。

九　審查委員會

因前項要求，於是一九二四年有兩委員會之組織，一以約翰希爲主席，考慮關於印度地方自衛軍與補充隊伍之問題，一以總參謀長安得史金爲主席，考慮在印設立一所如山德斯地之軍官學校。兩委員會皆貢獻一致贊成之報告，地方自衛軍審查委員會之提議，在原則上確已爲政府所接受，但實行其決議案之意志，則毫無形影。

此委員會所提出之最要建議，爲大學軍訓隊應擴充至於最大限度，城區保衛團應即組織，使受教育之印人，得受軍事訓練，其組織情形，當與歐人及混血人種所在之補充隊伍相同。大學軍訓隊與地方自衞軍之現存力量，爲一萬九千人，而此兩種隊伍合計之最高力量，在一九二八至二九年軍備預算所規定者，不過二萬人，足見可增之餘額，千人而已。本來大學軍訓隊能容易加增一倍，城區保衞團亦不難成立幾個完備之隊，但受最高額力量二萬人之限制，不復能辦到矣。在他一方面，政府對於補充隊伍之規定，則容許三萬六千人之力量，分配六百一十萬盧比之經費。地方自衞軍審查委員會之建議，若政府稍有實行之善意，則規定經費應不限於二十九萬盧比而已。

軍官學校審查委員會之建議，實際已爲政府所拒絕。政府表示意見，可增加每年英皇委任之官級至三十七人，其中在皇家炮隊，皇家工程隊，及空中軍者，可有數人。由此逐年增加英皇委任之建議，爲政府所推倒，在印度設立軍官學校，爲印軍訓練印官之案，政府亦置諸不理矣。

此委員會另有一重要建設，卽所謂『八隊制』之廢除。此項制度爲軍事當局所制定，凡獲有英皇委任官級之印人官佐，限制任職於此八個特別指定之騎兵步兵隊伍，不得參與其他任何部隊。此制之目的，顯在預防他日新任皇委之歐人官佐，不至受印人長官之指揮，近在印度之立法會議中，關於此事作詰責政府之投票，曾有辯論，對於『八隊制』之眞實目的，原在於此，已爲軍部祕書所承認。

就英皇委任授於印人官佐之現時定率而論，欲求印度軍隊之印度化或印人官佐之擢於高級指揮地位，恐非數百年不爲功。故大英政府對於印度軍隊組織所採之政策，已在印人心中引起深切之不滿與懷貳，原不足怪。政府屢有援助印度達於自治政府之宣言，印人殊不能信其有此誠意。

十 印度之海軍

關於印度海軍，只要數言，即可盡其抽寫。印度人民，常再三要求印人有加入海軍之權利；一九二六年，李定爵士曾稱皇家印度水師，將改成一種皇家印度海軍，考選合格之印度人民，可以服務其中。

不久以前，創立皇家印度海軍一案，已在國會通過，但當規定海軍訓練方案提出於印度立法會議時，竟爲該會所否決。該會態度，顯然須有解釋，然在公正觀察者視之，其拒絕之理由，不過該會無適宜之責任心而已。當時會議所持之反對理由，約有數端：所擬設之海軍管轄權，不歸於印度政府，而歸於大英政府；印人可受之英皇委任爲一比三，數目太多；印人之充當水兵無法定限制；大英政府可以調遣是項海軍於任何他處，而在調用時期，關於經費給養等事無法定之負責支付。實則此項反對，在下議院通過該案時，均經提出指摘，而保守黨之政府，一味頑強，不稍容讓；今印度立法會議若謂在此情形下而設一海軍，不如不設之爲愈，吾人能認該會之行動爲合理耶？印度在過去曾有海軍存立，但於一八六三年廢去，故現時關於印度之海軍紀述，猶在冰島關於蛇類之紀述一般，只須一個『無』字已足。

十一　結論

新印度之理想，在於設置本國之海軍陸軍與空軍，其官佐士兵，悉由印人任之，與其他自治區域之軍隊，同其組織，而悉歸於印度之統率指揮。欲達到此種理想，印人亦知頗需時日，但望於最短時期以內，政府能迅速創立誠懇之開端，且製定軍隊印度化之計劃。在英國官廳方面，毫無此事之形影，此爲人民懷貳大英政府之一根本原因。今印人若自覺在本國之軍隊內，在印度人民納稅而維持之軍隊內，只能爲木匠水夫；又若對此單憑種族與疑忌而施之待遇，表示憤懣不平，是豈印人之過歟？疑忌之政策，豈能致人之忠信耶。在大英帝國中而求自治政府，依然爲印度之雄心，但英政府之狹小帝國主義，使印人不信英國有時能滿足其完全自治政府之熱望焉。

印度之鐵路交通（安得生）

在獨立自主之國家，鐵路爲交通之良具，運輸之利器，對於國家生命之關係，猶血管之遍佈人身，凡血液流暢者，必爲身心俱健之人，凡鐵路發達者，必爲強富兩全之國。故中山先生之實業計劃，以修築十萬里鐵路爲切要之務，如能分期完成，不獨於政治、經濟、國防有益，亦且於社會、民生、文化有關。我國現有之鐵路，雖數量不多，然政府亦設置專部，當不專注於原有鐵路之管理，而尤在未成鐵路之修築也。印度之土地面積，與人口數目，均遠遜於我國，然其鐵路之敷設，超出我國數十倍；列國以「鐵路網」見稱於世者，公認有四，印度亦居其一。不過印度之有鐵路，實非印人之心願，更非印人之福澤，蓋統治者藉此爲征服之保障，爲剝削之工具，印人輾轉哀號於鋼輪鐵軌之下，任其宰割榨取，元氣已爲摧殘而盡，血液已爲壓吮而乾，弱小民族之命運，皆大同而小異，不特印度爲可哀也！印度之鐵路，有政府經營者，有公司經營者，有地方經營者，大者爲雙軌幹線，小者爲單軌支線，觸目皆是，密於蛛網，或謂『印度如九仞之泉井，鐵路如萬丈之唧筒，』日夜抽吸，水源枯竭，一觀印度鄉村之貧瘠，平民之枯槁，此喻誠爲不誣。本文爲『馬丁輕便鐵路公司』之祕書兼車務總管安得生（D. Y Anderson）君所作，敘述鐵路政策甚詳，足見帝國主義者之謀慮深遠，令人不寒而慄！

——譯者附識——

一　源起

本文不能附刊印度地圖一幅，讀者請自參閱地圖，因在印之敷設鐵路計劃，悉取決於其地理，在他國亦莫不易地皆然。

印度半島之西，有印度洋橫亙於前，在十九世紀中，爲聯結西方與印度之唯一航路，亦爲自歐洲踏入印度國門——孟買之直接孔道。迦拉基（Karachi）成爲海港之重要，僅屬近時產物，若在十九世紀中葉，則孟買（Bombay）雄視西岸，無與匹敵。半島之東有孟加拉灣，當其頂端之極，在胡各利河（Hooghli）之岸，大城加爾各答（Calcutta）在焉；胡各利河與恆河（Ganges）雅魯藏布江（Brahmaputra）相會，故加爾各答實與孟加拉（Bengal）之肥沃平原，及畢哈（Behar）亞森（Assam）之富庶農區，密相接觸。在加爾各答之南，約逾東面海岸線之半，復有大城曰麻打拉斯（Madras），為麻打拉斯省之首都，亦為南印度之巨港海口。

半島之北，則情形迥異，無所謂海，而有大山縣亙，幾不可踰越，山背之後，廣布異域——中國西藏，尼泊爾及俄羅斯。印度之過去歷史，大部為此橫山渡谷之外敵侵略，尤其在西北一隅，居住尚武好戰之民族，常在秣馬勵兵，預備攻擊旁遮普（Punjab）之富饒平原；邊境之外，復有兇悍之阿富汗民族，再越此而前，又有俄國之敵影縱橫。

一國之地勢，決定其商務之路線，與其敵國之進攻，二者又復決定其交通之設備與控制。故印度之鐵路系統，洽如吾人所意料，受三種需要之影響——（一）在孟買、麻打拉斯、加爾各答三海港口與船航相聯絡；（二）將恆河流域大平原所產之貨物，運輸而分配之；（三）西北敵國外患之危險，可以迅捷應付。是以鐵路之敷設，在將三大海港彼此聯絡之，復與西北邊疆相互貫通之；同時北部各線，取集中方式，南部較爲散漫。此肥沃之『鐵練』伸擴蜿蜒，起於亞森省之茂盛茶園，經歷孟加拉省之蔴稻田疇，畢哈與阿達（Oudh）二區之五穀原野，及旁遮普與亞古拉（Agra）二地之麥稷平原，以至於西北之要塞區域，而終於阿富汗斯坦之邊界。由此吾人得一鐵網路線，自加爾各答而橫貫至於倍舍瓦（Peshawa），其主要幹線，則在聯結加爾各答、麻打拉斯與孟買三大城，其他較爲附屬。

是項鐵路系統之發達，幾歷九十年之時光。在印度修築鐵路之第一次提議，爲史提芬生（R. M. Stephenson）於一八四四年向東印度公司之獻計，其後此君卽爲東印鐵路之總工程師。在一八四九年，東印鐵路公司得契約之允許，擬造一試驗鐵路，長凡一百英里，以加爾各答爲起點，西同達於米爾柴坡（Mirzapore）。其預計之經費，爲一百萬金鎊，東印度公司（不可混爲東印鐵路公司）乃締約保證年利五分之報酬。同年公司又與大印半島鐵路成立一約，修築孟買與迦力源（Kalyan）間之一線，是線之開端二十二英里，由孟買至薩南一站（Thana），爲在印開車之第一鐵路，其開車典禮，行於一八五三年八月十八日。是線於一八五四年修達迦力源，於一八五五年延長至瓦新特（Vasind），距孟買凡五十英里。至一八七〇年之頃，大印半島鐵路已完成達於甲波爾坡（Jubbulpore）距孟買爲六百十七英里，且與起自加爾各答之東印鐵路，以此點爲交車會合之站。

東印鐵路之初次開車時期，爲一八五四年八月十五日，行於加爾各答與胡各里(Hooghly)之間，長凡二十三英里。此線於一八五五年延築至於煤區之拉連剛吉（Raneegunge），於一八七一年完成達伽取亞貝特（Ghaziabad），共長九百四十一英里，經過重要之地域，如笛南坡(Dinapore)，米爾柴坡，亞列貝特（Allahabad），及康坡（Cawnpore）等處。

在印度南部，一八五六年七月，有兩英里之鐵路，開車於麻打拉斯城，此短小之一段，即爲現今所謂『麻打拉斯與南部馬哈拉太鐵路』之核心。

凡此初期鐵路所用爲鐵軌之軌距尺度，均爲五呎六吋，名曰『標準軌距』，印度鐵路纏哩數之大半，皆依此種軌距尺度而修築。次要者爲『米突軌距』尺度，（三呎三吋又八分之三吋，）初用於德里(Delhi)至呂瓦力(Rewari)間之一線，長計五十一英里，現爲『孟買、拜洛打．(Baroda)

與中印鐵路」之一部，其始行開車之期，爲一八七三年二月。當一八七五年時，在麻打拉斯省之南印鐵路中，原依「標準軌距而築成者，有幾部改爲「米突軌距」。據一九二七年三月之統計，鐵路哩數總量——卽就起點至終點之距離計，附軌及支軌除外——築依「標準軌距」者，凡一九三六七英里，築依「米突軌距」者，凡一五九三二英里，築依「狹度軌距」者（卽二呎或二呎六吋），凡三七五〇英里。

如此複雜之軌距尺度，竟得使用，似屬奇異，對於負責築路者之批評指摘，實際巳常有所聞，其理由之主要者，謂軌距尺度之參差，卽爲實施路政之繁瑣，而運輸用費，亦實際增加。但此種支配，實際爲是邦之便利，因其能使鄉鎮皆由此而開發，否則此等素乏道路修築之鄉鎮，將絕無交通之可言。「標準軌距」，甚適於印度長程幹線之用，不過依此制之築路，自然耗費繁重。「米突軌距」之用費較廉，故在「標準軌距」所不能有經濟利益把握之地域，最合使用而有成功。「狹度軌距」之路線，在「米突軌距」亦不能獲利之地方，最便施行，擴拓商務。但「狹度軌距」之鐵路，因須必要之速度限制，不合於長程之距離，故絕對限於附屬支線，及山嶺鐵道之用。「米突軌距」之鐵路，發達甚廣，現在其哩數總量，少於『標準軌距』路線之總量者甚小，且貨車亦能完全行駛其上，自亞森省之北極各點，橫渡印度而達於孟買省之海岸一帶。

二　發展

吾人已知鐵路之修築，始於一千八百五十餘年至一八六〇年左右，完成而通車者，在印度有八百三十八英里之總量，其所耗本金，爲二六六、六〇〇、〇〇〇盧比，約等於八八、〇〇〇、〇〇〇金元（在世界大戰以前每盧比（Rupee）約值美金三角三分，近已規定爲值一先令六便士或約美金三角七分。）觀於下表，可知鐵路自其開端至一九二七年三月底之發育過程：

年份	開車哩數	耗費本金以千盧比爲單位
一八五〇——一八六〇	八三八	二六・六六・〇〇盧比
一八六一——一八七〇	三、九三三	六三・三四・五〇
一八七一——一八八〇	四、二二五	三八・五六・四一

一八八一——一八九〇	七、四〇八	八五・一〇・一三
一八九一——一九〇〇	八、三四八	一・一五・八六・三〇
一九〇一——一九一〇	七、三四七	一・〇九・五一・三九
一九一一——一九二〇	四、六三六	一・二七・三三・〇四
一九二一——一九二七	二、三一四	二・二二・二八・八九
總計	三九、〇四九	七・八八・六六・六六

一八九一至一九〇〇之十年，爲修路用力最大之時期。又世界大戰對於發展與價格兩方之影響，亦可由上表認出。

鐵路總數之三九、〇四九英里中，有一九、三六七英里築於『標準軌距』，一五、九三二英里築於『米突軌距』，三、七五〇英里築於『狹度軌距』，前已言之。在一九二六至二七之一年中，開車行駛者有四百二十一英里，至一九二七年三月杪，（官場之統計數字，以此爲最近可據之期）正在修築中者，有二、五五一英里。

除此各線，爲印度政府與公司等所管轄經營者外，尚有屬於印度土邦等所有之鐵路，共長五〇四四英里，其中有三一五三英里，爲各土邦所自主自營其餘千餘哩，則爲其附近之幹線總局所管理經營。此外復有一小部混雜之鐵路哩數長共二百七十一英里，主要屬於地方參事會所築之小線。

三　主權與管理

吾人已見原始之路線，爲各公司資本所修築，而由東印度公司保證其定數之紅利——換言之，即現在所謂印度政府者爲之保證。此種政策，採用於一八五四年，提議者爲達爾好西爵士(Lord Dalhousie)，彼謂國家之工程師，固能修築健全而廉價之鐵路，一如各鐵路公司，但因是而須多人退出政府職位，殊有礙於公家利益。彼又謂國家之職責任務，不是經營商業。故在一八五四與一八六〇間之數年以內，東印度公司（或在一八五八年後則由大英印務部大臣）與東印鐵路公司，大印半島鐵路公司，麻打拉斯鐵路公司，孟買拜洛打與中印鐵路公司，東孟加拉鐵路公司，及其他鐵路公司等成立許多契約；在此等契約之下，各公司分別負責修築而經營指定之路線，政府則負責供給其需要之地皮，且保證其所費資本之利息，但利率互有差異，自百分之四分半至五分不等。

所得盈利，若付淸保證之利息後而倘有餘剩，則此餘剩之一半，當交付政府，以償還政府在過去所貸於公司等之任何款項。政府又保留對於一切重要事務之控制權力，惟職員選任，則不顧問；公司等之管領鐵路，均依據九十九年期限之租約，但又明文規定二十五年或五十年之後，政府能據特殊條件而收買鐵路。

此項對於公司等保證利息之政策，繼續運行至一八六二年，政府始於是時有求取較優條件之嘗試——一種試驗辦法，然亦失敗，觀於勞倫斯爵士（J. Lawrence）在一八六九年之所概述，即見一斑：

『印度政府，數年以來，努力於誘勸資本家之在印修築鐵路，自負其成敗責任，政府之干涉降至最低限度。然此策完全失敗，除保證利息之法外，不能取得資本以與修路業，已爲顯著事實，而此保證之利息數量，與政府自身直接借款所付之數量，完全相等。」是以前項方法，在兩點上於此時改變：（一）政府與原約保證利息之公司等，重行商定，盈利剩餘之一半，當於每半年付交政府，同時政府放棄其二十五年後收買鐵路之權；（二）政府決定修路所需之資本用費，由國家因便直接籌付之時機，實已到臨。於是到一八七九年之杪，印度有六一二八英里之鐵路，爲公司等所修築，其總費爲九七、八七二、〇〇〇金鎊；又有二、一七五英里之鐵路，爲國家所修築，其總費爲二三、六九五、二二六金鎊。

第二步之發生，爲一八七八年大饑饉之結果，因此災變而知是邦之鐵路哩數，遠不足敷其應用之所須。爲彌此缺陷計，在一八八一與一八八七年之間，新公司之成立者有六——三個有政府保證，三個無之。到一八九二年，再有一政府保證之公司設立，迄一八九七年，又有一政府保證之公司產生。

對於原先保證利息之各公司，與一八八〇年後創立之各公司，政府之應付方法，在求結束其契約，愈速爲愈妙，至其結束之方式，各有不同。有些鐵路，國家備價收買之，以後卽歸國家經理；有些路線，國家取得之但仍由公司負責經理；其餘路線，繼續原約而由公司等經營之，但其條件，則爲較利於國家。

國家與各保證利息公司之現時關係，可以數言概述之：鐵路之本身，與資本之總量，皆屬於國家，若有經費須要時，政府可自行籌付之，或令公司籌付之。保證利息之利率，明確規定，其剩餘盈利，由政府與公司分享之，——政府享其較大之份。契約之結束，全憑政府意志，在結束之時，本金則照額退還，不折不扣。公司之管理鐵路，必須使政府滿意，且政府設置稽查職員，以保證滿意之實現。對於路政之詳細工作，政府握有重大之管轄權能；在一鐵路董事會議中，政府之官吏須佔一席；且一切開支用費，必得國家之准許。總之政府對於保證之鐵路各線，有優越之財務關係，對其經營管理，有巨大之支配權力；又能在特定之時候，據特定之條件，收佔各線鐵路。

有二大重要之『米突軌距』鐵路，未爲政府所保證，——孟加拉與西北大道，及羅什康特與哥馬王鐵路（Robikhund and Kumaon），二路在意志與目的上，實爲同一系統，均受政府之稽查，且可任其收買，若在一九三二年買之，其條件當大利於公司方面，若過此期而於一九八一年買之，則其條件當大利於政府方面。

四　國有趨勢

由此印度之鐵路各線，不論其爲保證利息者與否，均在契約之下而運行，卽謂遲早之間，均能爲國家所有，此乃實際之情勢；一到決定執行之時期，則問題在國家將如何辦理？是否舊約加以延長，抑全體收歸國有？

鐵路國有，船航國有，鑛產國有——皆爲引起無窮討論之大問題，遍於全世。在法國鐵路均爲國有——其結果惡劣；在加拿大鐵路亦歸國有——其結果危殆；故國有之舉，似宜避免。但反觀印度，有幾線鐵路，已爲國家所多年佔有而經營，在經濟上之結果，不能謂全無成效。西北國道之成績，頗爲參差——幾年有損失，幾年有盈利；自一八八六至一九〇二年期內，國家受到一種常年損失，但自一九〇三至一九二七年期間，國家獲得一種常年利益，平均每年約一百八十萬盧比。且西北國道，大部爲軍用鐵路，性質如此，自不能希圖大利。又如東孟加拉鐵路，自一八八八年至一九二七年，其間除有七年例外，國家每年均獲享盈利。

在阿達與羅什康特一線，自一九一〇至一九二五年間，除三年外，國家年年獲利，故雙方爭論，各有理由，大英印務部大臣爲決定問題計，乃於一九二〇年末委派一委員會（其主席爲亞考維斯 Acworth 故名曰亞考維斯委員會），對此問題與其他關於印度鐵路事項，作一報告。

委員會之委員人選，包含兩種人才：一爲富有鐵路經驗之人，一爲無此經驗之人。對於印度鐵路之將來管理一題，該會亦同樣有兩派意見：其主席（此公在加拿大曾提議公司管理）與三位非鐵路委員及喜萊先生，主張直接之國家管理；四位鐵路委員與李伽特爵士，主張維持保證利息之公司制度。結果則政府決採國有政策，於是在一九二五年，東印鐵路與大印半島鐵路兩線，其租約適逢期滿，遂爲政府所收回，現在成爲國營之路線。

自東印鐵路與大印半島鐵路爲國家收回以來，爲期未久，倘非論列其結果如何之時機，所有經濟數字未經充分時間之證其價值，不能引爲辯論理由以擁護或反對公司管理，吾人之所能爲者，望其有最佳效果耳。過去之有國家經營而致失敗者，原於政治之干涉，在一九一五年以前，印度鐵路，能避免此種干涉，但蒙特古與傑爾斯福特之改革案，引出政治之鮮明色彩，且使政治之興味普遍，以至現有較大之可怖危險，將由黨派與政客之理論及行爲而發生。

地方參事會所築之鐵路，前已論及，此等路線，普通皆爲短小支線，其修築與經營，均依保證與紅利之原則爲據，其保證之人，卽爲一地方參事會，或約路等於大英縣務會議一類之機關。

五 亞考維斯報告

亞考維斯委員會之討論事程，爲（一）貢獻關於管理方法之提議，（二）檢查鐵路董事會之作用，及印度政府行使之管轄權；（三）考慮印度鐵路之財務支配，特別注意於私人企業與資本之利用可能，以與築新路；（四）報告政府對於鐵路票價運費之管轄，及鐵路與商人間爭執之解決方法；（五）貢獻調查後應有之建議。

委員會關於管理方法之報告，前已略述。鐵路董事會，爲控制各線之總機關，委員會對之，提出重大之改革建議：政府應添設一交通部，其部長須爲督憲大臣政務會中一委員，常與鐵路問題相接觸者，——一個富有經驗之行政官，但不必爲專門技術之專家。鐵路董事會，應爲部長屬下之專家委員會，由一委員長，四委員，六理事組織而成。現在吾人實際上有一政務會委員，專管鐵路，及一鐵路董事會，包含委員長一人（其職位等於政府中之一部長），財政委員一人，專門技術委員一人，及普通委員一人。又有五理事佐襄董事會，以指揮土木工程，機械工程，車務事項，修建事項，及財政事項。由是政府經營之一萬五千英里國有鐵路，以此董事會爲直接管理之機關；其他二萬七千餘英里之私有鐵路，亦以此董事會爲優強之股友；在許多規模較小之鐵路方面，董事會實爲保證之人；且對於全印鐵路各線，董事會爲唯一之立法機關。

關於財政方面，亞考維斯委員會提出一甚爲須要之改革案，謂印度政府之財政部，不當管轄鐵路之內部財務，鐵路方面應有一獨立之預算書，其提呈於立法議會也，不當由政務會中之財政委員，而須由負鐵路責任之委員。此種辦法，意在使鐵路得來之盈利，不復混入於政府之普通國庫，而明確劃作鐵路目的之用。現在鐵路自知其財政地位之獨立，不復居於欠缺之情狀中，必賴國家之普通預算而定其開支。

委員會又注重『使印度人民，在其鐵路之管理上，有適當之發言權，至關緊要』爲實現此種目的計，現在有許多顧問委員會。最高者爲中央顧問委員會，每年在德里或西摩拉（Simla）開會四次；是會有委會二十六人，包括政務會中之鐵路委員（且爲當然主席）及董事會中之委員長在內；其討論之問題，爲一班鐵路利益之事項。又有地方顧問委員會等，每月分別在各線之地方總機關處所開會一次；當開會之時，主席爲其所關鐵路之代表人，會員爲地方政府，地方團體，及地方商業機關等之代表。此諸會議所討論者，皆屬地方利益性質之事務，例如行車時刻之變改，票價運費之減低，鐵路新線之修築等事。在一九二六至二七之一年以內，是種會議，分別舉行於各地中心者，有九十二次；鐵路人員與社會民衆之間，能作此等友誼之討論磋商，必有偉大效用，實無疑義。

政府亦設有價率顧問委員會，於一九二六年四月一日實行成立，其組織爲一主席與二委員——一人代表鐵路方面，他一人代表商人團體；其工作任務，在檢究社會人衆所投送之抗議怨訴，如不合法之偏袒（或歧視），不合理之價格，不合理之裝運等條件，不供給合理之便利等等。

此外復有一常務財政委員會之組織。自一九二四年決定鐵路之財務，應離開國家之普通財政而獨立後，即着手爲鐵路設置一常務財政委員會，其組成之委員，包括指派之主席一人，及委員十一人，由議會諸議員自其內部人數中選出之。此會之職責，在研究鐵路開支之重大款項，並檢驗其爲來年請款之一切要求，然後始能提交議會，以求核准通過。

六、鐵路組織

政府管轄權能之組織，前已申述——政務會中之鐵路委員，董事會，及常務財政委員會。現在吾人須論鐵路各線之個別組織。每一路線，設有總務長一人，或常稱爲『代表人』，爲路務行政之首領。迄至近時止，鐵路之實際行政工作，原依分課制度而執行；據此制之設備，分置多課，各有課長，在『代表人』之指揮下而分工合作——總工程師一人，負鐵路與建築物之修築及維持責任；總機師一人，負機車貨車客車工廠等責任；車務總管一人，負行車售票貨物輸送旅客往來等責任；總會計師一人；材料廠長一人。除最後二人外，每課課長之下，各有許多助理及分段職員，分別襄理其事。但此分課制度，現在較大之鐵路線上，已經廢棄；另行一種『分區』制度，在此制之下，依據地理基礎而組設督政機關。最上層爲一總務督政長，但仍居「代表人」統轄之下；全路行政責任，關於一切交通動作者，連帶車輛與馬力之供給，及路軌修理與車輛行駛之平衡等等，均由彼一人負之。同樣性質之執行工作，由許多分區督政員負其責任，全線之某部或某段，各有一督政員專司其事云。

七　鐵路協會

除政府組設之機關，以總管鐵路外，各線自身亦有公共合同，以管理彼此相關之事業，如車輛之交通，聯運直駛之辦法，各線要求事件之適應，及免票行證之簽發等事。合組一協會，由各路之職員參加，設有常務秘書一人。協會每年開全體大會一次，出席者爲各路之高級職員；其餘平時之工作，由秘書處辦理，而以函電通知各路職員；各線視其重要之大小，有定數之表決權。此外又有幾種協議委員會，遇須要時，即開會議，以討論局部之問題；如權利要求仲裁委員會，即爲一種，以解決要求責任之爭執問題，由此使各公司發生異議時，不須訴訟法庭以求裁判。協會印行各種刊物，其主要者爲彼此直接通車之協議規程，及關於各種行車條件與價額之貨物及運稅等。

八 結論

印度人口，約略爲三萬萬餘人，爲應供此巨大民族之運輸需要計，已有四萬英里左右之鐵路——平均每七千五百人佔一英里，可見欲求是邦之有適當鐵路交通，爲途尙遠，實爲顯明。

在未來時日，印度鐵路發展之性質及程度若何，現在敢預言者，實無幾人。印度國家之本身，現時深陷於鎔鑪之中，蒙特古與傑爾斯福特改革案之有合格成效，吾人亦未可否認。是項改革提案，顯爲一種實驗，惜其運用未曾有公允之試行。西門委員會係奉命而報告改革案之實施情況者，已初次到印，其所受之歡迎，頗爲複雜。一般意見，似已稍趨於比較和緩，但委員會仍須完成其調查，欲待其報告提出，尙須時日頗多。此時預言，實不可能，印度將來之政府制度，似依舊『操於神祇』之手，而政府之體制，對於鐵路之發榮，顯然有浩大之影響。

印度雖有數千年之光榮歷史，但仍爲一幼稺兒童；人民之目不識丁者，數十百萬；土地之未開闢或半開闢者，隨處皆是；國內語言文字之完全不同者，多至三位數字；除基督教外，有印度教與回教兩大宗教，依然互相鬬爭——且常深刻仇視；其他問題之須求解決，而又同樣難於解決者，無慮百數。

鐵路所有之問題何在呢？第一爲國有問題，現在之政策，不論爲善爲惡，乃國家之要求管理——許多富於鐵路經驗之人才，對此政策均抱憂慮。此策之可否成功，及其能否堅持，尙有待於後來之證實。

次爲印度化之問題，人人渴欲與印人以自身機會，並授以訓練，使能治理其本國，與經營其本身事業。此爲一種企圖，必須時常保持而鼓勵者，且須實際而見諸實現者。但吾人必當愼重將事，不能『未行而先走』；若單憑其爲印人之故，不充分考慮其資格，而卽選用印人，此爲一大危險，蓋才力效能，將因國家主義而犧牲不顧矣。

就專門立場而論，吾人現今之主要問題，實亦全世一切鐵路之問題——路運而生之競爭。吾人亦如他國一般，從未求得一應付敵競之方法，但路運公司等，若能繼續享受避免地方徵稅之利益，則此種方法之能否求得，終屬疑問。英國現正強徵一種火油稅，吾人希望印度亦能照樣辦理。

『交通即文明』，印度之鐵路大部依賴三等客車之欠交通，此項交通，在過去人皆任其自然而無不滿——速度無大關係，今日若誤一車，明日可坐一車，且安逸舒適，亦僅相對之名詞。但現在汽車盛行，即無識之鄉愚農工，亦知速度之可貴，於是鐵路不得不應付此項挑衅。服務求其較速，廂位求其較美。各種乘運之方式，有充分選擇之餘地，所須者在上層之管理與各方之善意耳。

印度今日之文明程度，比較英美諸國之文明標準自爲低弱，吾人之鐵路，已確有卓著之表現，足與西方之浩大建設相抗衡，吾人之前路行程，或尚遙遠，但吾人正以明確之信仰，與熱烈之心情，向前途而趨馳。

印度之農業（閔亡）

印度爲農業古國，至今人口百分之七五以上爲農民，但自國家統治權爲英人侵據而後，西方工業制度隨之而入，城市盛興，工廠林立，加以鐵路遍築全國，密如蛛網，不獨民衆受其震蕩迷誘，蟻趨都市，而鄉村物產盡被囊括，生機削減。農民以其地位與知識之低落，耕種方法之幼稚，作業農具之簡單，流動資本之短絀，適應環境固所未能，維持生活亦感困難。故印度農民之現在情形，實甚於水深火熱，聞其工作所獲，每日平均不過三四枚銅元，日食一餐或兩餐不等，但其所謂餐者，僅清水一盂，糙飯一盤，用手抓食而已。凡初至印度之人，如關心民瘼而欲知其經濟狀況者，即不深入鄉間，親問桑麻，但乘火車而歷各地，極目原野而望田舍，即可窺知大半。鄉村田莊，盡皆茅屋，高不及丈，大不愈園，農人皆面目黎黑，形容憔悴，骨瘦肌消，而蹒跚於田疇之上，若不勝其生活壓迫之苦者，蓋歷代汗血與畢生精力，已爲豪劣地主，與殘酷外寇所交相榨取，而枯竭無餘矣。

年來政府有改良農業之辦法，與增加農產之設計，然其目的不在解救農民，而促進國民經濟，乃在增加賦稅而充實其慾壑私囊，此帝國主義之所以可惡而弱小民族之所以可悲也。本文爲（H. H. Mann）博士之作，自一九二一至二七年，渠爲孟買省農業處處長，後又充黑德拉伯特王國農業局局長，所言皆經驗之談，吾人以農立國，可資爲借鏡也。

——譯者附識——

一　引言

在大如印度的國家中，其土地之耕種與使用方法，自然表示繁多錯雜，吾人所須立即申明者，卽普通以爲印度半島之大部，仿如『蓮食者』之國土，其生活需要之品，不須勞力而自然落於惰逸人民之口中，此乃完全謬誤之觀念。又有一種見解，大要根據統計而來，認印度大部爲荒蕪之國，小部爲種植未善之地，必須異國較有知識者之代庖，使印度躋於歐西諸國一般之農業水平，此亦爲同樣謬誤。在實際事實上，印度有些地域，雖範圍甚小，其人民之生活極易，祇須最小限度之勞力，即能維持生活，不過亦極貧苦之生活。在他一方面，印度有荒瘠之地面，在許多區域，大量之勞力費去，而所獲不過微薄之收穫。

但有兩種現象就農業立場而論，實爲本國之特殊性質。第一現象，即爲遍全國之廣，（除茶、咖啡、樹膠等種植實業之唯一例外）農業皆爲農夫之實業，由小地主自運其手足體力而獨立經營之，其土地所產之物品，大部由本身之勞力得來，罕有其他。就此點言，印度之農業，甚似中國之農業，及大部東歐諸國之農業；不過此種小農土地之盛行，使印度之農村生活，大異於近代英國或美國之農村生活，且使印度形成其特性，此在描寫印度爲農業國家時，必須常記在心者也。

二　農村生活

耕種之個別單位，在印度甚小。雖然英屬印度之人口中，有一萬萬又二千五百萬人（引用一九二一年之人口統計數字）依賴『動植物之剝削』而生，換言之，即恃農業爲生，且此人數雖佔全人口百分之七十三，但其實在耕耘而致收穫者，不過二萬萬又二千六百萬英畝（據一九二四至二五年之統計）卽不過每人耕一・八英畝之地，或不過每農家種七英畝之田而已。此卽足以表示農業工作之特性，爲規模甚小之耕種，運用最簡單之農具，其所使之機器、資本或僱傭勞工，尤爲最小限度。凡在同樣情勢之下，處處皆有同樣之結果，除因合作發達而致改善者，稍有異耳；換言之，卽一自賴自足之農村羣衆，熱烈耕耘土地；若屬可能避去，不願改變而爲工業勞動，但普通均在物質限制之範度內過活。

一般之概論如此，但亦有例外，巨大之種植事業，如茶、咖啡、樹膠、及其他等等，爲印度大規模耕種之顯例。單在英屬印度之範圍內，此等種植而有此等收穫者，佔地幾達百萬英畝（據一九二四至二五年之數字統計：茶佔七一五、八三六英畝，咖啡佔九四、二九八英畝，樹膠佔八〇、八〇七英畝。）此諸實業，其發達多在以前未經開闢之區，由外國人經營之，在性質上非爲純粹之農業。三業之中，各與一種相當複雜之製造手續相關（在茶與樹膠兩項，比在咖啡一項更爲顯明，）且各須投資於先，候俟數年始有收穫而致利益，又各有其市場，凡小本生產者，頗難角逐其中。此等種植企業之地點，幾全在印度之東北一帶，及極南一部，此外大規模經營，而藉僱傭勞動以生產之農業，雖曾有多種努力耗費多數資金，而在英屬印度以內，絕未嘗發榮於何處。

印度農業及農村生活之另一特性形態，為土地之租佃，及農民之團集於自足而頗能自治之鄉村。印度之土地，在其名詞之充分意義上，絕少屬於私人所有權者；統治者方面常有僭竊之要求，無論如何，認土地為國家所有，而託付於次要的地主之手，此等地主，在大多數情形之下，可以出賣土地，但此地主或其他買主之管有土地，必順從政府，而納繳定數之地租。在有些情形之下，如在孟加拉省之多數地方，此等地租已永遠規定；在印度各省之大部，地租可由國家按期而變徵，或二十年為一期，或三十年為一期，又或四十年為一期，各依計議而定；此項計議，現在印度之各省，已處處成為標準化矣。

此種土地之『外向租佃』，在國家最終的所有權統轄之下，且又須聽命而納繳定額之常年地租，實際在英屬印度，已普遍通行，不過其所採方式，則千差萬別，但亦歸結於兩項主要不同之模式。就北印一般而論，包括印度河、恆河及雅魯藏布江三流域之沖積地帶全部在內，土地為地主據有，地主復出佃於實能耕種之農民（印度有地主階級，通稱曰 Zemindar）。在其他各處，包括中印、緬甸，南印及德康高原等地在內土地之最後主人（卽指政府言），直接與耕種之農民本身(Riayat)交涉；耕種之人，須負納租稅之責，在理想上，彼亦自耕其土地也。無論情勢如何，關於農業之結果皆相類似；小量耕地，爲耕種之基礎，羣結而成村莊，同一村莊之人民，有強烈之聯絡存於其間，此或因地土均屬於同一地主之故，亦或因小地耕者，有公同服務之需要（如木匠、鐵匠、繩索製造者等）。由此，在供給人民之需要上，有大量之互助情誼，但每一耕者，在絕對或幾於絕對之獨立性下，而自耕其所佃之小量田土，或爲某一地主之佃戶，或爲國家之直接農夫。此種每人在土地耕種上之獨立性，不論其所佃土地之微少如何，已深入於人心；雖農事合作確曾發生，但行之者相對稀罕；至於聯合小量之耕地，組成範度適宜之農場，同樣爲少見無聞。

是故吾人所有之制度，爲一『耕者單位之農業』制度，幾於全國皆然，其弊害所趨，由每人耕地之小量，及每人獨耕之事實（卽耕者爲同一地主之佃戶，亦復各別獨耘）而益加劇烈。結果則流動資本經常短少，與極端浪費；且資本不能運用適當，以獲取土地上最優之生產效果。在土質與氣候，或灌溉設備便於精細耕耘之處，及在大量體力之使用，適於特種農藝環境，比大規模之耕種，更能獲得較多產物與效果之地，此種弊害，最爲少見。但在乾涸而貧瘠之區，精細之體力耕耘，難得確切之酬報，則此弊害最爲彰著。

三　土地之情形

吾人既知除少數事例外，印度爲一『耕者單位之農業』國家，其經營者爲佃租極小耕地之農人，有極小限度之工作資本；現在吾人須論土地之使用，如何受其地勢之影響。第一關於土質方面：就此點言，有一巨大之特性，極易顯見。浩大沖積層之平原，造成英屬印度內可耕地的三分之二，包括印度河、恆河、雅魯藏布江流域之全部，及流入孟加拉灣與阿拉伯海各河之下流一帶，其爲優良之農業地質，足與世界任何他處相媲美，土質極爲深厚，在許多區域內，毫無砂石之夾雜。原先本屬樹木叢林，蔓草原野，若得適宜之水分供給，與健全之耕耘種植，此等地域，定能產生佳良之產物（在有些地方，實已產生，）如美國最富之地帶所能產生者然。印度國內之其餘各地，包括半島之大部，北向擴延達於中印，幾至於恆河與贊木納河附近，形成岩石高地，有時爲山爲谷，有時爲崇高錯雜之高原，就全部言，大概常屬貧瘠地區，其間稍有一線或一片之富饒地帶，受高地剝蝕浸潤之利。此等高地之中，有些土質亦負盛名，如中印之馬爾瓦高原，較近南部之德康高原，有所謂黑棉地帶；但實際優良之地，常屬片斷，且就大體而論，此等區域中耕者單位之農業，常爲艱苦，所得收穫，亦極細微。

四　灌溉

本國之大部，包含於沖積平原，及岩石高地與高原者，有細小不定之雨量。不定之雨量，就農業立場而言，比細小之雨量，自屬更爲危險，因雨量甚小之地域，如新特與拉吉普太南沙漠之一部，及旁遮普省之一部，平時未經開墾，且常無地主，迄灌溉制度行使後，一到水量可得之時，其地即如鮮花怒放，耕植甚繁。但在雨量不定之區，則情勢迴然不定，在大多數年份中，合理之收穫，可能獲得，而在其餘年份，則收穫甚微，不足維持耕者之食用，且在極端情形之中，全無收穫可言。當此環境之下，灌溉似爲唯一之救濟；運用新法耕耘（如所謂『乾燥種植』之法）以保持水分於土壤，雖有某種之實驗，但其方法之擴大使用，尚屬將來事業。

近年以來，在印度砂礫之區，及雨量不定之處，尤其在北印屬於沖積地層一帶，灌溉制度，已有大規模之發達。不過灌溉工程之構造，或爲私人經營，或爲國家經營，在印度並非新政。全國各部，在雨量不甚充足，或分配不甚調勻，或過於不定之處，及在水分可由稍施費用而招致之地，實富有泉源，土地能藉資灌溉，且今日尚在利用，而正加擴充也。井之利用，幾於各處皆然，自恆河流域起，每掘一井，所費不過數盧比，至於德康區域之許多地方，每一水量僅灌五六英畝之井，常耗千數盧比之鉅。並且麻打拉斯及南印各地，通用灌溉之池塘與湖澤，因其地富有山谷，農人乃築斷谷口而造成水源。一般較大之河流，卽在英佔印度以前，已經利用而充注運河，每當河水泛濫之季，運河水滿奔流，使土地肥沃；但施行昔日未曾想到之大規模工程，因而使地面無限擴大，不復專賴變化不定之雨量以爲農事，則屬近時工作耳。

此種灌溉方法之擴大，在印度許多地方，已形成一種農業革命。在北部各大河經流之地域，尤其在印度河及其支流所灌溉之地域，與次要在恆河及賛木納河所灌溉之地域，是項革命事實，主要可見。但在所謂「岩石半島」之區域，則機會較少，祇有一小部份之耕植地帶，能用灌溉辦法，其原因半在水分之缺乏，半在地勢之結構。不過灌溉對於印度全部之重要，觀於下列事實，能得一普通之觀念；下表所示，為英屬印度內實行灌溉而耕耘之地面比例：

地名	百分數
北印區及緬甸	
孟加拉省	三·五
亞森省	七·五
緬甸省	八·五
畢哈與阿利薩省	一七·
聯合省	一九·五
旁遮普省	四〇·五
西北邊省	三六·
新特省	七三·

地名	百分數
半島區域	
孟買省	四·
中央省	四·
黑德拉伯特王國	五·
麻打拉斯省	二四·

在半島方面，除麻打拉斯省一例，其所有之數字，大要為東面海岸附近，德康河流域下部之灌溉制度所擴張外，其餘灌溉之地，與耕耘之區相較而觀，實為極小範圍，可以顯見——事實上幾於全部忽略。在北印諸省，當灌溉為必要時，其比例可達於最高之數字，如在新特與旁遮普兩地，即為一例。在旁遮普一省，其近時之灌溉發達（現已達於一千三百萬英畝以上）實已將一貧瘠之省，幾成全國最富之區。

五　主要農產

印度農業土地之主要產物，爲供給其三萬萬人民之食料，故在英屬印度內二萬萬又二千五百萬英畝之每年耕地中，有二萬萬英畝左右之地，係生產食用之穀類，而此穀類產區中又以產米區域佔其最大部份。除米麥兩項外穀類產物之全部，鮮有向外輸出者，卽米麥兩項之輸出數量，不過米爲百分之八以下，麥爲百分之十四左右，雖說麥爲主要食料輸出之一，且在一九二四至二五一年內其輸出總額達於一百二十萬噸之數。

故食用穀類，在實際耕地的九分之八中，爲印人所種植者，全在供人民飲食之用，其數計有八種：第一爲米，佔地約達八千萬英畝，凡在雨量充足之處（例如每年有四十吋以上之雨水）或灌溉便利之區，及土質優良之地，無不種植。米爲平地之產物，在宜於種米各地情形頗不一致，每年之任何季候，米稻均可繁殖，但最大之收穫，爲雨季所植之米稻，生長而成熟於水田之中。其種植方法，在大多數區域內，係播穀成秧，以手分秧而愼重插入田中，最後乃長熟於其地。在印度之比較低溼各地，當雨季到臨之時，米尤爲小農之特殊產物。

第二爲小麥：其種植之時期，全在冬季；其種植之地域，幾於全在中印北印，麥區面積的百分之九十，均在於此。在種麥地面之中，適用灌溉者佔三分之一以上。每英畝地面之出產，較諸他國，爲量甚小；就麥產最大之旁遮普一省言，有灌溉法者，每英畝產十七斗，無灌溉法者，每英畝產十一斗。

第三爲各種黍類，全部約佔四千萬英畝之地面，幾全部用作印度人民之食品而已。其中主要者爲蘆黍(Jowar)，比較爲最要之產品，佔地達二千二百五十萬英畝；次爲珍珠米（bajra）佔地亦約一千二百萬英畝；再次爲小黍(ragi)一種細小之穀粒，在他國罕有知之者，在印度則佔地約有四百萬英畝。此最後兩種，植於雨季之時，與貧瘠之地；蘆黍則爲缺乏灌溉乾地之高地特產，雨季與冬季兩期，均可種植。

芽粟（maize）爲相對次要之產物，但佔地亦約五百五十萬英畝，其種植之大部，在聯合省，西北邊省及旁遮普省內較爲乾燥之沖積地帶；印度半島上，則種之者極少。大麥亦祇在北印爲重要產物，播種時期在冬季，但其產區雖有限度，然佔地約達七百萬英畝。

印度物產對於世界農業之重要，不在此等食用穀類，而在其他產品，印度農人所稱爲『生利物產』者是也。是項農產，專爲售賣而種植，在許多事例之下，且專爲輸出之用。其中包括佔地最廣之棉花；使印度幾於壟斷全世之苧蔴；及爲輸出業中大關重要之各種豆油；他如靛青一類之染料，其種植在大多數情形下，現已日就衰廢；糖蔗之出產，完全限於本國消費；煙葉亦有大宗種植。現在主要供給印度國人之吸食；更有巨大之種植實業，如茶葉、咖啡、樹膠等，前已略述矣。

印度之棉產，在數量上祇次於美國而居第二位，對於世界所供給之棉花，年達六百萬包以上。故種棉之業，在印度之比較乾燥地帶，每年雨量在四十吋以下者，幾自國土之極北一端至於極南一點，皆爲印度農民之至要產物。單在英屬印度範圍以內，種棉地面佔一千七百餘萬英畝，其中有灌溉之便者，約三百萬英畝。此數僅能稍示棉業之重要，因在印度諸土王國內，尚有廣大之種棉地區，其數至少復有六百萬英畝之譜。平均每英畝之產額較低，約爲一百零四磅，但近年以來，額量速增。印度特性化之棉花，其纖維短小而粗糙，適於粗魯紡織之用，但近在孟買、旁遮普及麻打拉斯各省，種植新棉，其質極爲佳純。在棉區之最大部份中，尤其在中印及半島方面之黑棉地帶內，棉花之種植，常與蘆黍之種植交相瓜代；後者供給農人及其家畜之食料，前者供給農人生活所需之金錢。

蔴業在其種植區域內，亦爲同樣重要，但蔴之種植，幾全限於本國之東北部，其間雨量，每年在五十吋以上。在英屬印度境內，種蔴之地，總計約達三百萬英畝，其中地面百分之八十六，皆屬於孟加拉省。種蔴常與種稻相交換，其種植之期間，爲每年四月至十月，播種於雨季之前，於是一到大雨滂沱於土地之時，蔴苗已繁植於地面之上。種蔴成功之條件，頗爲狹小，浸蔴苗而取蔴絲之工作，祇能行於富有河流，及充分水量之地域。恆河下流，及雅魯藏布江流域，具有此種條件，故幾能霸佔全世之蔴產而爲專利。類似苧蔴之物，如棕蔴（hemp）或德康蔴等，尤爲廣植，佔地至七十五萬英畝之廣。不過眞正之棕蔴，雖爲本國各部一種普通植物，從未因其纖維之故而種植，但因其製麻醉性之藥物，曰『哈嘻嘻』者（hashish），而有細小限度之種植。

印度之農業，若已負責供給全世蔴料之需，及其一部棉花之求，則造油種子，及其製品，如亞蔴仁、胡蔴子、萆蔴子、椰子等，近年復有落花生，及其餘多種較少著聞之種子，印度亦爲應世的主要來源之一。在英屬印度境內，此等油子之種植，全體約佔面積一千五百餘萬英畝，而在印度諸土王國內，又有其廣大之種植畝額。

油子與油餅之輸出，在一九二五至二六一年中，總值約達二千四百萬金鎊，由此可見是項種植之國際重要性。各類種子之種植，自然須要極異之生長環境，但在印度，幾於各地均能產出一種或他一種。例如亞蔴仁一類，佔地約二百五十餘萬英畝，集中於中央省之一部，及其北向與喜馬拉雅山間之一帶地域；單在英屬印度境內其估計之產額，在五十萬至六十萬噸之間，胡蔴子更爲特殊印度化之油子種植，出產達三百五十萬噸之多。其種植之區域甚廣；但主要集中於本國之中央地帶，自蔴打拉斯省之北部起，橫貫中央省，而至於拉甲普太南——達於緬甸。

油菜子與芥子，主要爲北印之冬季農產，佔耕地約四百萬英畝，每年產額達百餘萬噸以上。近年落花生種植之進步，至堪驚異，現今佔地約達三百萬英畝左右，每年產量，總計約一百五十餘萬噸。在本國較爲乾燥之地帶，尤其在半島方面之高原地域，印度中部，及緬甸中部等處，其種植之發達，至爲迅速。

最後蓖蔴子可値一述，其種植之中心在黑德拉伯特王國以內，但其重要亦逐漸增加，所佔地面，大要爲印度半島上之高出而乾燥的地帶，不適於他種農事之用。現時約有一百二十五萬英畝之地面，供蓖蔴子之種植，其中有五分之三在黑德拉伯特王國內，其餘地面之一半，在蔴打拉斯省內。

六　其他特產

在本文之短小紀述範圍內，再提及二三其他特殊印度化之農業種植與出產，即已足夠，因此等產物，現已不若往常之多。染料一項，尤其是靛青，過去極爲重要，現已陷於銷沉，因有他種複合之產品，取而代其位置。鴉片之種植，以前在恆河流域及中印各地，至關重要，現已嚴加限制，祇能在政府之嚴厲監察下而從事栽種。蠶絲爲日暮途窮之產業，似一落千丈，將更低於現有之數量。至於樹脂（爲一種小蟲吐集於榕樹等之膠質，可用作漆蠟及染料）爲漆蠟之所由製產，在昔印度爲全世之主要產地，今其地位已變；不過其樹脂染料之市場雖失，但樹脂蟲之養育於本地樹木，及栽培其所需之植物，依然爲本國荒野地帶居民之重要業務。在一九二五至二六一年內，印度樹脂之輸出總值，猶達百五十萬金鎊之鉅。

糖蔗之種植，在印度甚爲普遍，但除在北印之少數區域外，從未有能依近代方法，而構成糖業製造之基礎，以施種植者，故糖之輸入，反爲海外貿易中輸入品之最大一宗。糖蔗佔耕地約二百五十萬英畝，平均每英畝僅產糖質原料一噸又半；但其發達之可能性，大於其他種植，每英畝之產額，將來在北印定能迅速增加，因糖產較富之甘蔗正在發見而培植，其結果必佳。

煙葉又爲一種發達迅捷之種植事業，現在佔地達一百萬英畝以上。印度煙葉，人常視爲低劣，強烈而粗糙之一種；但其種植之範圍甚廣，在孟加拉省北部，沿其東面海岸一帶，及在緬甸之各部地方，達於最高之密度。煙葉之種植，主要須上等人工，及肥沃土壤，故在印度一國，猶在他國一般，凡種煙葉成功之人，即有頭等耕植技藝之人。

七 牲畜養育

上述關於印度主要農產之片面枚舉，恐未能使人有明瞭是邦農業之觀念；但敍述必當如此，其範度所須實遠大於多數之任何他國，因印度農民大要爲植物質品之生產者耳。牲畜之養育，及其宰殺，與其製造，以出賣於市場，在印度之地位，比任何他處皆爲次要。印度人民之大部，均爲蔬食者，其餘一部之人，每人食肉，亦屬微量，故對於牲畜肉類之需要，極爲有限。且在印度地方，馬不用爲農作之用，其地位幾全爲牛所取代，故馬之生產，極屬有限，牛之畜養，及羊之生產，以爲肉食之需，亦爲極端小量。大要牲畜之喂養，集中於牛之供給，目的在用爲耕作，及供給牛乳；又綿羊與山羊之畜養，以供應羊毛，羊皮，及其他產品爲目的——用爲肉食者，祇極小之限度而已。

但有廣大之面積，幾於純爲牧場，本國人生活上所須之牛與其他動物，大部出產於數處人煙稀少之地，其中土壤，不適於種植，但亦雨量充足，野草得以滋生。例如在下列地帶——拉甲普太南、旁遮普及新特之幾部，克提亞瓦、古甲拉特北部，及中印之各處高地等，最良之耕作牛種，爲半游獵式之遊牧人民所畜養，輸送於人煙較密之地域而售賣。

牛乳之供給，大多取自水牛，因此種牛類，在工作上幾於無用，但能供出相當大量之豐富牛乳，而其食料甚粗，常牛所不能堪。

綿羊與山羊之畜養，視同職業者，（雖然任何印度村莊，畜有許多山羊，供羊乳之用，）亦大要爲半游獵式之養畜家與牧童，其居遊之地，常在養牛亦不可能之區。綿羊之爲物，在身體大小上，與羊毛出產上，皆屬不妙，故在肉食非主要目的之處，肥大綿羊實際並不需要。用雜交之法以改良羊毛，曾有許多嘗試，通常在北印及班甲堡一帶，成效甚多，但在他處則成績甚少。羊毛出產之重要，觀於一九二四至二五之一年統計，可以判斷：除供應本地需要外，羊毛原料之自印度輸出者，每年純值三百萬金鎊，羊毛織物之輸出者，純值一百萬金鎊。

八　改良方法

以上所述印度農業之形相，爲一大量小地耕者之形相，其工作進行，常以家庭爲基礎，運用最小限度之傭傭勞動及最小限度之流動資本。農人所耕種之產物，一如其土壤之所適合，主要在供養個人及其家屬與其工作之牲畜（通常爲牛）；但亦耕種一部之『生利物產』以便繳納政府索取之租稅，及應付須從外界購置之用品等。

影響農業最大之事項，在本文結論所欲道述者，或即爲農人所有之資本，除其耕地不計外，常爲最小限度之數量；此種資本之缺乏，決定農業所由進行之方法，其範度幾於不可思議。因資本之缺乏——尤其是健全農業銀行制度之缺乏；更有甚者，印度之大部地方，有不定而多變之氣候，使問題愈爲複雜——不得不用比較幼稚之工作法方及原始之耕種農具，不敢利用肥料，因購此卽須現金投資，通常無試行實驗之可能，更無運用農業方法上根本改造之便宜。結果則印度農人常被誤認爲極端守舊之耕者，以爲改造之利益已著，而彼等拒絕改造，方法之價値已證實於他國，而彼等不肯利用其方法。

余在印度多處與農人久處以後，深知此種認農民有天生守舊性之觀念，殊爲謬誤；實則彼等之排斥革新，較諸西方各國之大部農民，猶爲輕微。二十年來，余已再三親見一種舊而無效之農具，在多數地方已全爲新式而更有效能之農具所代替；一種改良之種子，常能推倒使用已達百年之舊種子；且人造肥料之運用，亦甚普遍。故若新法已證實有利，農人自身認爲滿意者，又若其法能收效果，以擔保高利借來之本金者，則接受新法實爲印度農人之特性，此乃較確之論。或換言之，在勞動爲本人自身之勞力，且須食物與養分以資維持之農民中，資本之經濟使用，或量入爲出之費用，較諸投資浩費之經濟，實更爲重要。

故在印度全國，農具多屬簡單而粗糙，在工作效能上，比其他較便而多費之農具，更不經濟。常用之糞物與肥料，大概爲本地所能得到者，且除勞力以外，不須別有耗費。一般最受歡迎之改造物品，如改良之種子一類，必爲資本不須多費，而又能招致較多收穫之物品，卽令種植所須之工作較多，亦不顧慮。若結果佳良，收穫增益，則改良新法，卽刻爲農民所接受矣。

年來印度之農業技術，有逐漸而相當敏捷之進步，凡研究此點之人，必須知上述事實而牢記於心。經此以後，外來觀察者或猶以爲印度之農業，不脫原始狀態，但余則不能復信其言。在印度農業中，試行西歐方法之全部，常歸失敗，此勢所必然；但最可悲憫者，吾人僅在博物館中，得見許多農具之陳列，雖爲熱心家所輸入，欲在某一區域而使農人試用者——但此等新具，從未見諸實用。

不過近年印度之農業，確已大有進步，觀於土地所產之收穫數量，卽可爲斷。此等進步之由來，大多爲印度各種農業團體之工作結果；是項團體之成立，雖在多年以前，但當一九零五年之頃，始有其具體之基礎。自此以後，農業團體之擴張甚廣，在印度大多數省份之中，及在有些印度王國之內，各團體所行之實驗，及其所得之發見，農人已受其充分惠益。

是等近時改良，大要取二種或三種路線。第一爲新式農品之生產與擴張，比現在種植之農品，供獻較大之報酬，於是此種農品卽爲小地耕者輩所熱烈接受。例如改良之棉種，有時爲產量較高之種，有時爲質性較優之種，現在爲人種植，遍於數百萬英畝之譜；又如產額較大之蔴種，現已推廣至於蔴業全區百分之十。在食料農品之生產上，如麥米兩項，尤其是麥，關於每英畝產量之增加，穀粒性質之優良，苗實對於環境之切合，已有巨大之成功。糖蔗之種類，已進化而適合於北印，其產額之量，較往昔在彼處所可能者，已大爲激增。煙葉之種類，已經區分，現在廣用於各處，較佳之產品，由此亦能獲致。

農具正在迅速改良，以適合於環境。余猶憶昔時康德一帶所用之鐵犂，屈指可數，現在則犂具之使用，數以萬計。凡發見一種價廉農具，能在特殊環境中作較優之工作者，卽有迅速之採用。但在印度農業之特殊環境下，其耕種之問題，僅爲農業團體所開始改革而已。

人造肥料之使用，正在通行，尤其在灌溉施行之田地爲盛。印度之土壤，雖非全體一致，常屬豐肥，惟窒素缺乏，故亞母尼亞中之硫酸鹽，使用較廣，但他種肥料，亦正在出現。在許多情形之下，草本肥料之證實價値，已深深改善種植之方法，及增加收穫之結果。

其他方面之進步形相，在此老大農業國家之印度，亦正在表現。小地耕者爲本國農業之主要單位，除土地與耕牛外，其資本甚微，或竟無之；若此事能記在心，則所須改良之點，實無限度。在下一代中，吾人欲求印度土地上之生產數量，增加百分之五十，似非幻想。

印度需要之教育（太果爾）

印度詩哲太果爾先生(R. N. Tagore)爲當代偉人之一，與甘地齊名，對於中國文化，極爲瞭解，且極贊仰。余每與面談，必稱『世界最後之救濟，有待於中國之文化』蓋中國之倫理思想，如忠、孝、信、義、仁、愛、和、平、諸端，已深入人心，形成堅強之民族意識，足爲人類穩固生活之基礎。彼以霸力假仁之輩，不過暫時之勝利，表面之征服。若華人之足跡所至，如南洋各地，本其和愛之精神，展其勞動之才幹，乃爲悠久之勝利，實際之征服。現時中國之所需者，在團結統一，利用西方之優點，科學之能力，開發其富源，建設其事業，安定其社會，裕厚其民生，但必須以固有文化爲之基本，以傳統美德爲之權衡，否則將蹈西方覆轍，惘迷出路，不特失其救己之機能，亦將負其救世之使命也。又謂彼無端作癡行狂動者，無異短小之人，勉強服藥，呑肥夢想，擴張其軀體，終必精疲力竭，支解肉離，非所以加害他人，實所以自速其亡耳。先生對於本國情形，深滋痛惜，以爲眞正之自救，在於喚醒人心，而喚醒人心，在於提倡民族性之教育，故三十年來，先生除以詩文淑世而外，致力於教育之改造，人心之糾正，獨資創辦國際大學，從事東西文化之溝通，求達舉世人類之互助，其目的所在，不僅一國一族之自拔，亦且全世全民之共安。本文爲其發表教育理想之佳構，吾人讀之，可作麗澤之資，且有他山之助也，

——譯者附識——

一 東西之危亂

在現世紛擾令人短氣之中，尙有一富於生命希望之表徵，卽亞細亞之正在覺悟是也。此種偉大之覺悟若能納諸正軌而指導之，實大有可爲，不僅限於亞細亞之本身，亦將普及廣博之全世。

在他一方面觀之，東西之關係，二百餘年以來，愈變而愈複雜，且愈廣大，未嘗達其眞正之目的，釀成一種舉世滔滔之爭鬬精神，此爲衆所公認之事實。其結果所生之緊張與驚擾，深使亞細亞蒙其禍亂，而東方人心之怨憤情感，因以蓄積多年。

東西兩方之交際，因其機會常蔽於私意，依然未能完滿。西方人所爲之政治與商業冒險——常使用武力，違反其所與交接諸國之利益與願望——形成一種精神上之隔膜，對於雙方均有無窮之害。如此霸道關係所招致之危險，西方之人往往悍然不顧，昂然忽視。彼等對其本身之表面強力，盲目堅信。常因其貪奪之迷夢，造成歷史上之恐怖。

然最關重要者，猶不在一民族或他民族之危亡恐懼已耳。東西兩半球間之經常離貳，其惡化勢力，深印於人類之卑鄙心情——一方爲驕恣、貪奪、與欺騙，他方爲恐怖、猜疑與諂媚——發達未艾，使全世有心靈破產之浩劫。

現在時機已至，吾人須利用自身之智慧，以瞭解此等局勢，且須信賴較優之精神指導，不可憑藉武力之耀揚，以爲之控制。

二　學術爲補救之一道

當有生之初，人之第一社會目的，在組成一種社會，演成一個民族。在其最初時期，各個人之闡集，限於地理上之界域。但在現代時期，因交通發達，地理上之阻障，幾已喪失其實質；人類之團集，或能達其眞正目的，或但破裂而仇殺，不復爲各個人之會聚，而爲各民族之會晤。現在陳於吾人前面之問題，爲一整個大國之地球，其中居住之各民族，猶如個人之單位，必須取得其表現本身之自由，同時服從聯合之義務。人類必須實現一種大聯合，比之任何過去時期，其範度必當較廣，情緒必當較深，力量必當較強也。此問題之質量，既如是鉅大，吾人不能不以較大之規模而求其解決，以較大之信仰而實現人生眞諦，且以較確而大同之基礎，爲吾人之信仰，建一『大廟』。

求達此種現實之第一步工作，在創造機會，以便各民族之彼此表現其眞質。在剝削的功利精神所盛行之場，此事永無成就之可能。吾人必須另覓集會之所，其中不能有利益衝突之問題存在。大學可爲此項場所之一種。吾人在大學之中，能爲公同之眞理追求而聯合工作，能分享吾人所得於祖先之遺產，認識各地藝術家皆已創製美麗之質品，各地科學家皆已發見宇宙之奇祕，各地哲學家皆已解決生存之問題，各地宗教家皆已使精神世界之眞理，有機化而滲透於人生，不僅各爲其民族，且實爲全世人類。當氣象學發明地面空氣爲渾然之一體，以不同之方式，但以和諧之適應，而影響全世各地時，此學卽已認識而獲得眞理矣。同樣吾人須知偉大哲人之心理，實爲一致，各依其所感之差異而工作，此諸差異，在遂達其中心根本一致性之充分效果上，實爲至要。在吾人以坦白精神而明此眞理之時，則此理使吾人敬信人類所實見之一切差異，而依舊自知其一致性，且能明瞭此項一致性之完成，不在於『齊同』而在於和諧。

現代之問題，卽在於此，東方爲自身計，且爲世界計，決不能依然暴棄不宣。歷史上一切災害之最深來源，皆在誤會，因吾人在所不瞭解之處，卽不能有公允之行爲。

三　國際大學之創立

此種需要，於此種責任，爲今日任何人所宜各竭其力而求其實現者；余個人對此之印象甚深，故余在印度已創立一國際大學之核心，貢獻爲促進東西諒解的良方之一。此種教育機關，就余心之計畫而言，係欲招致東西兩方之學生，在其適宜環境中而研究印度各種哲學、文學、藝術、與音樂等，且獎勸其與已有之學者共同致力於研究工作。

印度亦有其文藝復興，且預備對於未來之世界，有所貢獻。印度在過去產生偉大之文化，現時之新世界，正從舊世界之破碎殘蹟中而勃興，印度對此新世之文化，亦將有同樣重要之貢獻。此舉爲印度史上之重要一期，高貴之可能，正在懷孕而發育中；任何坦白之合作援助，來自西方，將有無限之心理價值，且當東方之復興富於勇氣與創造力時，則其合作之紀念，尤爲光榮。

西方之大學，授與學生機會，以研究歐洲民族所貢獻於西方文化之一切，故西方人之理智心靈，已光明表見於世界。其完成此光明之所需者，則在東方之收集其散布的明燈，陳獻而出，以供全世之耀照。

昔有一時，東方各大國，在比較隔離之情形中，各自培植其本國之文明。現在則均衡合作之時期已至；曩日播於小圃之種子，現須移植於廣寬之田疇；如欲獲其最大限度之價值，必經世界市場之評議。

但在亞細亞能與歐洲文化合作以前，其本身之結構，必以綜合亞細亞所有之各種文化爲基礎。自身既以如此文化爲之立場，則當其轉向西方也，便能以自信之心靈自由堅執本身之眞理觀點，從自有之園地出發，放射一新鮮之思想，光耀於世界。否則亞細亞將任其寶貴之遺產，委棄破碎於塵埃之中，而笨手笨脚以模範西方，求其代替，結果使自身變爲淺薄、輕賤與滑稽。若如此而喪失其固有之人格，及其特有之生存能力，亞細亞將有微末之助益加於世界他處耶？其可怖之破產，將不至連累西方之人心耶？若全世最後悉歸於虛空之西方，則此等近代之無限模擬，將在其本身謬誤之下，而支解以死！

在此信念之中，余所願望者，爲逐漸擴充此大學之範圍，循簡單之路線而邁進，迄至能包容東亞文化之全部而後止——雅利安、閃族、中華文化等；其目的在將東方之人心，日新月異而表於全世焉。

四 一般教育之錯誤

當余旅遊歐洲時，有一事余實感覺，卽彼方人士，對於東方之哲學藝術，已有眞誠之興趣。西方人心渴望由此而尋求新的眞與美之啓迪。昔日東方曾有盛大財富之令名，吸引商賈渡海洋而來，自此以後，財富之神壞，已變改其場所。但東方亦以智慧儲藏而著名，爲歷代長時之精神努力，先後賢哲之收穫功果。現今人類在權利奔逐之中，發出精神饑荒之哀鳴，此實授予東方以良機，將其蘊藏之實物，施與須要之人民。昔在印度，吾人確實據有如此實物，以供應吾人之心靈。其爲物也，有生命，有思想，有感情，且能表見其本身；一面容納外力，一面產生新力。此種心靈，在吾人之教育過程，或其目的上，能大有效用，竟爲吾人近時之教育制度所鄙棄。吾人現在設置校舍，書籍，及其他無限擔負，意在征服吾人之心靈。有生之心靈，被視爲木製之書架，用以裝載許多間接知識之皮面書本。結果則心靈失其原有之顏色與性質，而自木工店中借得表面之油漆。凡此一切，浪費吾人之金錢，破滅優尚之觀念，同時吾人之理智空隙，爲官樣文章所謂教育者，灌注而充塞之，實際上吾人已毀壞天生之視覺，而購置人爲之眼鏡。印度所信『智慧之神』，名曰辯才天（Saraswati）。余知西方之人，必樂聞其皮膚爲白色；但更有意義之事實，則在此神有生命，屬於女性，且其寶座在一蓮花之上。此中之象徵意義，即爲神居於人生之中央，與一切存在之核心，放開其本身之美麗，朝向上天之輝光。

西式教育之神，就吾人所偶然知悉者言，為缺乏人性；其皮膚亦為白色，但其白也，不過教室牆壁上粉刷之白耳；其居住之所，在課程之冷藏室內，與冰塞之教師心中。當余在童年，常被強而入學校，此等教育對余心之影響，余曾有文述之；余之所感者正如樹之或覺，蓋樹不得遂其充分之本身生活，常被砍伐戕賊，以為製作箱篋之用。

此種教育之介紹，不能視為東西結婚中之禮儀一部，以聯結兩方之心靈，而求達相互之瞭解。如此教育，代表一種人為之訓練方面，目的專在製造白人負擔之裝載者。吾人之大學，邇來在其課程標準中，雖已增加較前愈多之科學門類，然上述理想之缺乏，依然纏繞吾人之教育制度。其學科之增加，等於牛馬載赴市場之麥袋增加，對於牛馬本身，毫無較善之處。

心靈若長被剝奪其自然之真理食物，與自由發榮，則發生一種違反自然之成功奢求；吾人之學生，已迷陷而為此病之犧牲者，求成功於考試。考試之成功，在於以最經濟之知識，獲取最多之分數；此實為一過分之培養，不忠於真理，不信於理智，愚妄而強灌，由此心靈受其鼓舞而自行掠劫。但吾人既絕不因此而忘心靈之存在。結果吾人猶甚覺快樂。吾人考試及格，做到書記、律師及警長、巡官等，於是短命而死。

五　印度教育之惡果

大學不應造成機械之組織，以收集而分配知識：大學須得人民貢獻其智慧之慈善與心靈之財富，加諸他人因而獲得其豪貴之權利，以收受世人之禮物。但在印度之全部以內，近代所建設之大學，無一能如此而使外國或印度之學生，可在其中確獲印人心靈之最優產物者。爲此目的，吾人反須遠渡重洋，扣門於法德諸國。吾人本國之教育機關，爲印度之『知識討飯碗』，減低吾人之智識自尊，鼓勵吾人以乞借羽毛所成之裝飾品，爲愚蠢之張揚。

此種感想驅策余在孟加拉省創立一校，雖遭際無限困難，與各種牽制，且雖本人之職業爲一詩人，其眞正之啓悟，祇能忘其爲學校教師而後可致，亦所不顧也。余之願望，欲在此校造成一種細胞核，然後一種吾國固有性之大學，可繞其周圍而自然生長——一種大學，能助印人之心靈集中，而充分自覺；能自由瞭解眞理，而使此既得之眞理爲其本身之有物，能以其自有之標準而評判，以自有之創造力而發表，且能以其智慧而貢獻於來自遠方之友朋。

人之智識在其固有之尊貴性上，常有一種自然之驕豪，而此尊貴之性，卽其固有文化之驕豪。文化祇承認絕對優秀之點，其批評選擇，全在其本身之完全，不在任何外表之成就。當此驕豪受需要之強迫，或受物慾之引誘而暴棄時，則卑屈汚賤，必臨於有此智識之人。近代印度，因其教育之故，實已受到此種卑屈汚賤。昔日之印度，亦嘗以其歷代思想與創造之結晶文化，供給於其後生晚學；今則此原有文化，已擱置一隅，吾人須奉命而受考試及格之磨折，意不在學習何物，但證明吾人已有資格可充英人所經理各機關中之僱傭差役而已。吾人之智識階級，不能算爲文化之階級，但一合格之僱傭階級已耳。至於今日，可能之傭役位置，對於待僱之人員數量，其比例已在逐漸減少，於是應運而生之失望，傳播甚廣。最後應負責咎之行政當局，反而斥罵其手下之犧牲者；人性之乖異也如此，自以最大之怨妬，加於其所已殘害之民衆。

譬如有一部落，仍有原始之習慣，以鳥類羽毛爲其羣衆之裝飾品；而後來忽怨此等鳥類之不復存在，認其有罪，吾人之教育，與此無異。在吾人之各省總督方面，常講誦冠冕堂皇之演詞，表示對於學術之純潔愛好，同時則舊機器繼續工作，其產品爲文憑而非教育。對於桎縛之小鳥，提示其兩翼之作用在飛翔，原屬妥善；但若割斷其桎縛之繩，任其飛行，則爲更善。然而鳥之本身已學用其繩練以爲飾品，因其練之叮噹作響，發出可敬之英語聲調，此爲悲劇中之最可悲的一面。

在孟加拉語中，有一近代之格言，可譯作：『凡學而讀書作文者，乘高車駟馬。』英語中亦有同樣之格言：『學問卽權力。』此言對於學生，無異獻送一未來之賄賂，——許諾一種學外之虛榮，比學問之本身爲更重要。此種懸挂於吾人面前之誘惑，以引誘吾人爲善，或追尋不自然之途徑，常大部爲軟弱之誑語，或半面之眞理，例如人所慣用之有勢格言：『誠實爲最優之策，』而全世政客，對此常在掩袖而笑。不幸在特殊目的下而設施之教育，從錯誤之一端，啖知識之果，竟使人迷陷於此種塵世之特別天堂，乘其所謂自有之高車駟馬。至於西方，余嘗聞之於可靠來源，其教育之目的，亦在渴求彼種塵俗慾望之栽培。

六　印度舊時教育之生活化

在社會較爲簡單，阻障較爲稀少之處，吾人能顯見其生活之作用，如何指導教育之主要目的。民衆教育制度，原爲印度所固有，但現亦未消亡，昔日卽爲深入民衆生活之教育。其爲教也，自然流泛於各種社會生活之間，隨處有其活動之道；可謂爲一種廣布之『文化灌漑』制度。所有教師，尤其是特有訓練之教師，常在孜孜爲善之中，召開民衆大會於鄉村，藉以最有效力之方法，宣述本國之最優意志，與發表本國之高尙理想；其教學之方式，在背吟古詩，解釋經典，從古史紀錄之富蘭那(Puranas)選讀數則，取初民神話與故事爲材料之戲劇，表演出之；或講述古代英雄之生活，及合唱舊時宗教上之歌曲。依此制度，顯見教育之作用，在使吾人生爲人類之偉大，須有高深哲學，以爲生之理想，美麗詩歌，以爲生之發表，及果敢勇氣，以爲生之行爲。印度之人民，雖就專門術語論，多屬文盲，但因此生動之文化宣傳方法，皆能覺悟社會關係之莊嚴，表現常性之犧牲與節制，爲『達摩』(Dharma　大法之意)一詞包含之各種理想所督促而維護焉。

如此之教育制度，對於近代生活之複雜性，或許過於簡單，但社會生活之基本原則，在其發展之各階段上，仍屬相同；無論在何環境之下，吾人不能否認一切人事之複雜，必須與生活相調和，成有機化之統一，否則此點一缺，無限紛爭將因之而起。在此文明之世界，大多數事物，佔取過於本分之空間，許多負擔，實非必要。文明之人類，能肩此重負，或足以表現其氣力之雄大，但其表揚之才幹，則屬薄弱。上天之神祇，若觀此現象，必當視如巨人陷入沒頂之水，不知如何游泳，徒作手舞足蹈之爭札。

七　模擬教育之弊害

各種自願爲奴隸之形式，其主要原因在於利慾之希求。現代之文明，既爲如此普偏之貪婪彩色所薰染，欲求挽其狂瀾，殊非易事。余在余之小學生中，亦常發見此害，初起數年，絕無困難，但一到班級稍高，則其慾物之智慧——成人之瘋毒——開始表現；彼等洶洶抗爭，不願再學，但欲準備應考。現在之職業，其數量與利益，皆遠大於往昔，學生須有專門之訓練與知識，因此教育被誘而放棄其精神之自由，降從功利野心之追逐。然人之根深天性，大受毒害；其殘破之生活，常欲出此桎縛之圈套，與物慾之鎖練而自由；此所以廣遍全世之不滿，對現行教制而攻擊。因此制已使肉體之利慾，

篡竊純粹之智慧，

即在印度，亦起暗淡不滿之感，因而引出許多嘗試，以建立民族性之學校與學院。不幸吾人之所謂教育，其成功祇在剝奪吾人之實際創造性能，與吾人之思想運用吾人在學校所受之教訓，其常含之意義，不在使吾人創製，而在使吾人借貸吾人奔逐熙攘，借歐洲之學制作吾人之教育計畫。久被殘蹈之印度麥苗夢想借鄰田之麥穗以恢復其收穫；換一比喻言之，吾人已忘欲求行走之健全，端賴鍛鍊本人雙脚之筋骨，不能借助於外人製造之木脚而跳躍，雖或木脚發出鏘鏘之聲響，且比活脚而更足表示吾人之技能，以動人驚異，亦無益也。

且當吾人向求外國借助之時，對該國表面與外部背後之實際有益源泉，常易忽視。譬若深水之魚，偶然產生一科學家，選擇猿猴之跳躍為其專門之研究工作，則全可斷言此科學家必致力於樹木枝葉之探求，而少顧猿猴之本身。在外國大學中吾人見其建築設備章程學科等之枝繁葉茂，但其猿猴之本身，殊為難於捉捕，更難於模造之動物。吾人反視此為次要之偶然事實而忽之。吾人常不明歐人中之大學，其生命之精神，實廣布於其社會、其政治、其文學與其全民生活上各種活動之間。在此諸般作用之中人民與國內之偉大文化機關，永相接觸，而此機關，在其本身表現，與本身犧牲之經常行動中又能勇敢而富於創造力。人民之思想，由書籍與由生存學者之媒介而發表，且此輩學者，將其思想加以考慮、批評、比較與分析。其大學教育之缺點，至少一部可為浸溶於社會機體中之文化生活力所補救，譬如靜水之池，虛心開展，常受雨陣之降落，而保其新鮮純潔。但不幸吾人在印度之大學，有一切歐式大學之設備，獨缺人性化之教師；吾人所有，不過書蠹式之採辦者，在此輩採辦之中，書肆之「紙神」變作能言之人物而已。

還有一最要之真理，吾人常易忘記，即教師之為教師，非自身繼續學習，絕不能真正教授。一盞油燈，除自身繼續燃燒其火焰外，絕不能點燃另一油燈。教師之止於學科終點，不在其知識上求生動之前進，但輾轉述授其課程於學生者，衹能灌注，而不能啓悟學生之心。凡屬真理，不僅在於授受，尤在於啓悟，若啓悟之作用消逝，而授受之作用增加，則真理將失其無限性。吾人學校之教學，大部實為浪費，因在多數之教師方面，其課程等於曾為有生事物之死後標本，對於此項標本，彼等有深遠之熟悉，但不能傳達其生命與情愛。

故余所創設之學校，以常求眞理爲主要目的；由此常求，則眞理之啓覺，自然可致。學校萬不能爲死板之籠囚，關禁有生之心靈，而飼以強爲預備之食料；但當爲開放之屋宇，師生遊息其中，渾然爲一。師生須共同過其完美之生活，有一共同追求眞理之啓覺，與一共同享樂文化之急需，以爲鼓勵驅策。曩昔著名之匠工教師，收集學徒於其工作之場，共同合作，製造完美之器物，祇在此等場所，知識方能具有生氣——此種知識，不僅有其實質與法則，且其面目生氣，亦爲此優於創造之教師而巧善傳授；蓋理智之知識，亦有其創造藝術之形相，其中闡發眞理之人，能表現其固性人格化之概況——其熱情、其勇氣、其犧牲、其忠實、及其才幹等。在單純之大學教學上，吾人祇見各種課程，不見研究此種課程之人，故教育之主要一面，依然殘缺。

是以吾人之大學所需求者，不在借來之裝箱眞理，與分配此眞理之經理人員，而在親身體驗之眞理，與其愛好者、追求者、及發見者，有實際生活之關係，且散播於全國之一切心靈勢力，將其吸收而集中之，尤爲大學最要使命之一，因此大學可如生命細胞之核心，然當爲全民理智生活之中心。

八　理智融和之重要

余嘗聞人言，印度欲求達於一種理智之融和，困難至於幾不可能，因印度內部言文之差異，甚大且多。此種議論之不合理性，猶如謂人因有手足之差異，在能在其本身內實現生命之融和，只有蚯蚓之軀體，首尾一貫如蠕，方能確知其有一身體。

吾人須知印度不類歐洲之任何一國，自有其個別之言文，但類歐洲之本身，分枝爲不同之民族，有許多不同之言文。然歐洲仍有一公共之文明，及一理智之融和，並非以言文之統一爲其基礎。在歐洲文化之初期，全歐確嘗以拉丁爲其通用之學術文字，此正當其理智萌芽時代，各種民族表現之發榮花瓣，尙含苞集於一點。但歐洲理智發育之完成，非由其學術工具之單一性而表見；到各國言文之個別成立時，西方始有眞正文化聯合之可能，而其知識交換之所以如此淵博，如此活動者，即此流派參差有以致之也。若法意德英等國，不曾以個別之發展成績，而貢獻於全歐之公共庫藏，則歐洲文明之損失重大，吾人可以想見。

昔日印度亦嘗以梵文爲其公共文化言文，但爲思想之完美交流計，印度須求各種方言之有其完全發育與勢力，由此各民族能表現其本身之理智，此種效果，非採取任何一種外國言文所能致達。

在美國、加拿大及其他大英屬地各處，人民通用之言文爲英語。英語固有其偉大之文學，依據英倫三島之歷史，而產生發展。但此種言文，雖有其深厚之物產與成績，在祖國經歷代之進化而成熟，若一旦移植於歷史異而生活殊之外國，則必防害該國固有之文化，摧殘其判斷之個性，與阻遏其發表之自由。英語之遺產，豐富而光明，但欲移灌於不同之環境，則成障害之物，如具肺藏之海中鯨魚焉。各民族之祖先言文，自然發育而爲其本族之言文，若此情眞確，則一民族之完全接受另一外國言文，以爲其文化工具，必成死板拘束，吾人可以想知。一種言文，絕非一傘或外套可比，能無意或有意而輾轉借貸，言文猶如民族之有生皮膚，若以挽車驢之身軀，蒙受賽跑馬之皮膚，則吾人可斷言此非驢非馬之物，旣不能競賽取勝，亦不能挽重致遠。吾人豈不見近代日本藝術家之模仿西方藝術耶？其模擬亦有時能產聰明效果，但此種聰明，僅能致人爲花朵之完成，永無果實之生產。

一切大國，皆有其理智之重要中心，而最高標準之學術，由此維持，全國人民之心靈，由此導誘；民族純眞之氣象，由此發見；因以證明其價值，而貢獻其所能於國家文化。於是人民在國土之公共祭壇上，燒燃其偉大之祭祀煙火，由此放射智慧之靈光，廣播於遐邇。

曩在昔時，雅典爲希臘之中心，羅馬爲意大利之中心，即在今日，巴黎仍爲法國之中心，貝納勒斯（Benares）一城，自古至今，皆爲吾印梵文之中心；不過梵文學術，並未包羅存於現代印度之一切文化原素。

吾人若如某般人所主張，以西方文化爲心靈啓覺之唯一光源，而視爲當然不辯，則無異借另一遠離宇宙之明星而爲吾人白日之輝光；其爲星也，可給吾人以微光，但不能予吾人以白日；可給吾人以航行之方向指導，但不能示吾人以眞理之完全形相。實際上吾人絕不能藉此冷淡之星光，而激動吾人枝上之嫩芽，與賜給吾人生活之彩色及繁榮。歐式教育之在印度，只具學校之課程，而無生活之文化者，職是故耳；一盒火柴，可作燈光之小用，但不能作晨光之燦爛，欲求晨光之燦爛者，必須人生之作用，與美麗，及其一切奇巧之神祕，皆融結於一體而後可耳。

九　文化之平衡研究

余坦白聲明，余對於任何文化，絕不因其爲外來性質而不信仰；反之，余認此等外來勢力之刺激，對於吾人理智天性之生活，至爲須要。基督教之精神，有許多不特違反歐洲之古典文化，且不合歐人之一般氣質，然此外來之思想運動，常與歐洲之自然心理相折衝，竟能藉其理智之反對作用，而成一重要原素，以擴大而增厚歐洲之文明。事實上歐洲各種方言之勃興，其生命，與成熟其氣力，祇在其完全感覺此外來思想勢力之時。同樣之事實，亦發生於印度，歐洲文化之侵入，不僅以其知識，亦且具有速度。近代科學，爲歐洲對於人類之偉大貢獻，此固吾人所公認。印度之人，必須以歐洲爲師，習此科學，且欣然接受，以免落伍而貽殘廢之羞。若吾人徘徊遲緩，將不能享受現代之收穫矣。

但余之所反對者，在強制之設施，使外國教育，由此而掠據吾國民族心靈之全部，因以廢滅與防害新鮮思想力之創造機會。此點促余努力於吾國文化原素之增強，非用以反對西方文化，實欲以接受而融化之；願其作吾人之糧食，不願其爲吾人之擔負；欲求貫澈其精神，不欲逗留於表面，徒作書簏與書蠹耳。

印度之主要文化源流有四：吠陀（Vedic）富蘭那（Puranic）佛教（Buddhism）及耆那教（Jaini-m），其淵源皆在於印度意識之高峯。但一國所屬之大河，不僅爲其本國之雨水所灌注而已；例如發源西藏之雅魯藏布江，亦爲印度恆河之一支流。印度原有之文化，受各種支派原素之貢獻參雜，彷彿類此；譬如回教之外來入印，攜帶其富藏之知識與情感，傳播其奇異之宗教思想，造成無數支流以添灌大河之水量。回教徒對於吾人之音樂、建築、文學、圖畫等技術，已有其悠久珍貴之貢獻。凡閱讀吾國中古聖哲之傳記與著述，及在回教統治時代所生之偉大宗教運動者，無不知吾人受此外來流水之賜物甚大且多，至於今日，悉與吾人之生活相密合矣。

故在吾印之學術中心，吾人須將此等不同之文化源流，作平衡之研究——吠陀、富蘭那、佛教、耆那教、回教、錫克教及拜火教等。中國文化及日文藏文等，均已增加研究，因印度之在過去，未嘗孤立於本土，而與世隔絕。欲明印度之古昔狀況，及其與亞洲各國之關係如何，此等文化，均有研究之必要。同時對於西方文化之優點，吾人亦合作而吸取，因如此而後融會各方之貢獻，以增益吾人之公共文明。流於河岸以內之大河，確爲吾人本地之河，且能容納其自然之支流，但吾人對於氾濫洪水之關係，則祇爲禍害而已。

有些極端現代化之人衆，相信過去爲破產之時期，未嘗留給吾人有何遺產，只餘重累之債務而已。此等諸人無異不信前進之軍隊，須賴後方之供養；吾人望其明瞭歷史上之一切『復興時代』，悉爲人類在過去之倉庫中，忽然發見思想種子之時代。

不幸之民族，失其過去之收穫者，卽失其現代；彼等已喪失其可資耕植之種子，而向外乞丐以遂其寒賤之生活。吾人不能自暴爲如此世界寒賤民族之一，現在吾人開發祖先之寶藏，利用爲生活之糧資，其時機已至，吾人須藉此援助，使未來爲吾人之未來，不能繼續在他族之拉圾堆中，過拾取碎布殘物之生活。

十　藝術生活與社會經濟之重要

以前所述，余僅及於教育之理智方面。卽在西方，受到教育之重視者，亦祇限於理智訓練；西方之大學，尙未能完全認識『充分之表現，卽爲充分之生活；』且大部份之人衆，絕不能以單純之文字作其本身之表現。故充分之表現，必求於文字以內之來源——線與色，聲與動等。吾人明悟凡此諸端以後，則不但使本身之天性生動，且能瞭解各時各地之人衆，如何嘗試以表示其內心。教育之最大效用，不僅在搜集事實，而亦在瞭解他人，與使人瞭解自己；故相當領會理智之文字，與藝術之言詞，實爲任何人之天職，此乃人生實在之偉大世界——廣博而深厚——卽其本性創造之生長世界，所謂藝術世界是也。人生而昧於此一世界，則無異剝奪其於人類遺產之認識與享用，而此等遺產，自有史之初，卽在發育而期待人人之認識與享用焉。就教育立場論，吾人所知於歐洲者，在其科學，或最多在其文學；故吾人對於近代文化之觀念，僅限於文法學與實驗室內之範度以內；關於人之美育生活一面，吾人幾全部忽視，不嘗予以培養，任其草莠叢生而已。吾人之報紙，產生極多吾人之會場叫囂殊甚；吾人在此中所穿着者，皆爲借自英人教師之物，殘破不堪。吾人使空氣變爲愁悶，且因吾人憂怨之淚雨而潮溼；試問吾人自有之藝術，原如春花之怒放，爲天性之自然流露，與精神之浩然光輝者，果何在耶？

因近代教育之有此缺點，吾人罪孽深重，須擔負一死智慧之重載，至於終極。恰如可憐之乞丐一般，吾人在文化宴會中之席位，已被剝奪，而伺候於院庭之外，其內部之彩色裝飾，享樂方式，及歌管音樂，皆與吾人無與。吾人之教育，正如牢獄之教育，穿醜惡不適之衣服，作慘無人道之苦工。吾人之受此教育也，欲使吾人忘卻彩色、方式、與表現之完成，即爲生命力之完成——強吾人認人生之快樂，祇在人生力量之反對方面，經營木材之商人，或以花葉爲樹之分外裝飾，但若花葉掃落，則彼將知樹亦枯死，而自蒙其損害。

在蒙古統治時代，印度之音樂與藝術，大受統治者之提倡，因彼輩之整個生活——不僅其政治生活——均寄託於是邦；而藝術之所由發生者，即此人生之整個性也。但吾人今日之英人教師，不過「季候之鳥」；彼等向吾人嘎嘎而鳴，但不悠揚而歌，因其眞實之心，不在其僑寓之地耳。

由此文化狹小而致之生活限制，萬不能再事鼓勵，故在余所樹立之印度文化中心內，音樂與藝術，不僅有其相當之認識，且佔超特之榮位。印度各時代及各地方所散播之各種音樂系統，及各種藝術派別；社會各層階級所潛藏之音樂與藝術，及昔與印度相近諸亞洲大國之音樂與藝術，皆已逐漸羅致，而細心研究。

教育不宜抽去其本地之原素，與民族生命之源流，余前已暗示及之。經濟生活，包括社會主要基礎之全部，因此等經濟需要，爲其最簡單與最普遍之需要。教育機關，若欲達到其充分之眞理，必須與此經濟生活，發生密切之關聯。教育之最大使命，在使吾人認識各項知識統一性之內部原則，與一切社會及精神實質上之活動，社會在其最初時期，爲經濟合作所維繫，各個人在此聯合之中，對其生存之權利，皆覺自然之興趣。若或不然，則文明絕無發端之可能；且若在生活之基本需要上，文明不能實現互助之精神，與利益之分享，則文明將陷於崩潰。此種經濟合作之觀念，已爲吾人所立大學之基礎；吾人所常努力者，在使大學不僅教訓，而且生活；不僅思考，而且創製。

印度古代之山林學校，爲吾人之自然大學，未嘗與人民之日常生活隔離。師生共同採果取薪，牧牛刈草，親自工作，以維生活。精神教育，卽其精神生活本身之一面，瞭解生活之全部。吾人現設之文化中心，其理想不僅在爲印度智育生活之中心，亦在其爲經濟生活之中心，故與附近之農村合作，耕種田土，畜牧耕牛，紡織紗布，製取荳油；逐步生產各種日常生活之需要，創造最良之工具，運用最佳之材料；利用科學方法以爲臂助。此大學之存在，端賴其產業活動之成功依據互助之原則而施行，使師生與附近農民在一種生活與熱烈之關係中而聯絡；如此吾人又得一實際之訓練，其動機非爲利益之貪求。

十一　完美之教育目的

在余完結本文以前，尙有一精微之問題，値得考慮吾人所設印度文化中心內之宗教理想若何？印度宗教生活中之重要理想，在超於自我禁束之靈魂解放，由靈魂與宇宙之融和，而達其與『太極靈魂』相貫通。此種精神融和之宗教，不能視爲一種可以教授之神學理論，作爲課堂中之一門功課每日教學半小時之時間。其爲物也，不過吾人對於環境態度之精神的眞與美，吾人與『太極靈魂』之自覺的關聯，及吾人生命歷程中之『無窮冥冥』的悠久勢力。如此宗教理想之可能實現，祇在善爲設備，使學生生活於密接自然之中，發育於服務空氣之內，接待人物，培植樹木，飼養禽獸，因以感觸土壤，水分，與空氣之偉大神祕。

此外吾人之大學，與土地之耕種者，及鄰村之勞力者，有一公共生活之分享；吾人研究其技藝，請其參加宴樂，助益其合作事務，以求公共福利，在此等交際中，吾人之行動，不發於道德理想，或地位謙降，而發於生活與生活之自然同情，及仁愛犧牲之急切需要。學生在此空氣之中，自能習知人類爲一神聖之絃琴，待奏其完整之偉大音樂。凡瞭悟此統一性之人衆，即已準備作其朝拜，歷黑夜之辛苦，沿犧牲之途徑，以底於將來人類之大會合，此種會合之呼喚，已越過黑暗而達於吾人矣。

在吾人之大學中，生活自然成爲簡單清潔，吾人絕不信生活之簡單，或將使吾人不適於今日社會之需求，蓋此簡單之性，正如絃琴之簡單性，其器具上絃線之安置愈複，則其簡單性之需要愈甚。當事業發端之初，吾人天性需要一種精神理想上純潔與完美之訓練，使吾人適於應付未來之複雜。

換言之，吾人大學所有之理想，即在以師生合作之熱忱，致心靈發育之生活，使大學有不斷之創造，本身成爲一世界，能自給自立，富於日新之生命，放射其生命達於異地異時，且吸引而維繫一種羣體，衞拱之星辰系統，存立於其周圍。其目的在傳播生命力於完人，使其理智化與經濟化，生活於社會範度之內，但又期望啓覺，向達於精神之自由，與最終之完美。

印度之土邦（克拉那普屈拉）

——譯者附識——

印度國情之複雜，爲天下第一。吾人通常但知印度爲英國屬地，及印度在甘地領導之下而發動民族革命。實則印度內部，就政治論，有所謂大英領地，與自治土邦之分，前者爲直轄性質，後者爲附庸性質。就革命論，有宗教上之衝突，有種族上之隔膜，有階級上之障礙，有土王與平民之對峙，至於英政府之壓迫，猶表面難關耳。本文爲印度名人克拉那普屈拉（Keraiaputra）先生所著，敍述印度諸土邦之情狀甚詳，實爲亡國慘史之一頁，足爲吾國前車之鑒，閱斯文者，當有所感奮焉。

一　引言

印度帝國包含區別顯然之兩部：一爲大英領地，直接屬於英皇統治者；一爲附庸土邦，依然爲印度王子皇孫所管轄者。此等附庸土邦，佔有全印領土三分之一，管隸全印人口五分之一，其面積之大小，與地位之重要，各土邦互有不同：大者如克什米爾土邦（Kashmir），其面積大於法國，又如黑德拉伯特土邦(Hyderabad)，其人口達一千二百萬之多；小者如克西亞瓦特土邦(Kathiawad），其領域不過數英畝之地而已。諸土邦散布於全印，起於極北之克什米爾土邦，與中央亞西亞及帕米爾高原接壤，至於極南之屈拉亡苦爾土邦（Travancore），隨處皆有。除極小之封建小國與采邑不計外，附庸土邦之君主，享有相當獨立自治政府，與大英政府成立聯盟條約，而保證其權威者，爲數凡百零八邦。

二　政治地位

印度土邦之地位，實爲絕無僅有，從國際法之立場而論，彼等實無可生存，其奇特地位，未曾受到公認；就大英帝國之本身而論，彼等與英皇之關係，正式認爲是聯盟之關係，但此種聯盟，規定爲永不解脫，且彼等所與聯結之大英政府，已挾取各種優先與主上之權利，在原來締約中所絕無根據者也。就實際言，大英政府與諸土邦之關係，雖說以聯盟條約爲基礎，但最近百年以來，因習慣與成例之漸積的結果，發生了一種政治法規，對於條約之原有條件，已相當變改矣。

卽在此種情態之下，是項政治法規之發生，並非依據於法律之認可，因印度政府與諸土邦間之問題，既不是由法庭所裁決，又不是據章程而定議。其解決辦法，彷彿是一種半國際法之方式，此強有力之政府，憑藉英皇所享有之主上權威，依據各別條約中之條件，及歷來應付各土邦所有之慣例，決定一切問題。

但吾人亦不能過甚其詞，謂印度各土邦，非英領印度之一部。土邦諸君主，確乎承認英皇爲其主上，不過彼等對於本邦臣民之統治權，現時尙未動搖耳。大英國會與印度議會，不能爲各土邦之臣民製定法律；大英法律，非得各邦君主之明文許可，不能適用於諸土邦之領土以內；諸土邦之法庭，從無向印度政府法院或向大英樞密院上訴之事；實際上，各君主在其領土以內，執有立法與司法上之最高與最終權力。

若干較大之土邦，自有其貨幣、郵務、與關稅；且有一土邦，自有其電政設施。關於軍備設置，諸土邦皆可自辦，有幾邦之軍隊數量，亦頗不小。總之各土邦之法律上的獨立，是大英政府所認許而容納之事。所以此種土邦之存在，引起一個雙重的問題——第一關於土邦本身之內部政府者；第二關於英領印度之政府與人民者。

諸土邦之存在，使印度自治問題，愈趨複雜，因彼等與印度其餘各部的正當關係之規定，在一個全印民族政治之演進上，爲一重要之條件。近兩年來，此問題已甚囂塵上，大英政府現已派委一專家委員會，從事考查而報告印度各土邦之地位。牛津大學教授霍爾斯瓦氏（Holdsworth），爲一富有經驗之印度行政官，著名之法學家，且爲國際財政之一專家，亦被任爲委員之一。此委員會業已到印研究前項問題，對於英屬印度與各土邦間之相關的經濟政治兩方，特爲注意。

三　外部問題

印度各土邦之現在地位，乃歷史發展的偶然事變之結果。自十八世紀中葉蒙古帝國衰亡以後，東印度公司開始干涉印度內政，不得不獻媚於印度人之王侯藩國，如尼薩（Nizam）國王，（卽黑德拉伯特土邦）與馬哈拉太斯（Mahrattas）國王之類，取得諸小國之聯盟，以保持其地位，而對抗法人。是時之東印度公司尚非一種政治勢力，當日利於該公司權威發達之環境，同時利於王侯藩臣之私人統治，使其權力愈有獨立之基礎而增強確立，蓋諸王對於蒙古皇帝之關係，不過虛示臣貢之名分而已。所以現今較大之印度各土邦，多數雖非古印度帝國之遺物，然除貝納勒斯（Benares）土邦之一例以外，皆非大英政策之創製品。此種形成現狀之歷史事實，若不明悉，則印度政府與印度各土邦間之現存關係，亦無明瞭之可能。

東印度公司，原先亦與在印經商之其他歐人公司無異，僅以貨殖爲利潤，並無政治的野心。洎一七四零年以後，法人杜普萊克氏（Dupliex），運用其政治天才，在印度東岸施其雄威，英人公司，始轉移其注意於政治勢力。自第一次干與亞考地王國（Arcot）之事而抗法人起，至於拜喀察（Buxar）戰爭及其後克服阿達（Oudh）國王與一七六五年奪得征稅之權止，東印度公司對於印度諸王國之關係，尙居臣屬地位。自獲得徵稅權之時期起，至於黑斯亭氏（Hastings）之統治終，該公司與印度諸國王作生死存亡之戰，首先與梅索爾國王（Mysore）相爭，復次與馬哈拉太斯國王相鬬，目的在取得一種平等地位，與印度諸王並駕齊驅。

所謂「經濟補助的聯盟」政策，卽產生於此時期，但實非用於印度之普通計畫，如威列斯萊（Wellesley）及黑斯亭氏所行之策畫一般，不過爲一種保護公司領地，防止外敵，在必要時施行侵略戰爭，而不須用費之計畫。

此種經濟補助的條約，第一次之締結，卽爲一七六五年公司軍佔取拉喀諾（Lucknow）城後，與阿達國王伐取兒（Vazir）所訂之約。是時公司之力量，尙不足以呑併阿達王國，因軍力遠在海濱，若佔有此地，則英人之陸地防禦線甚長，而同時須抗拒兩個陸戰較強之敵國——阿富汗與馬哈拉太斯。結果乃締訂和約，阿達邦主復位，公司負防守其國境之責，但邦主須負擔此項防禦之費用。公司深知防守阿達土邦，卽所以保障孟加拉，於是經濟補助之計策，遂成爲免費防守之方法矣。

在一七六五至一七八二年間之時期內，東印度公司之權力與威勢，因蒙古皇帝之授予征稅權，及大英國會之干與而改變其政治設施，遂龐然增大。『統轄規程，』將公司由單純之商業組合，一變而爲半主權之政治機關，直接歸國會之管轄與指揮。但除以連續的條約改訂使阿達士邦被削而爲絕對的屬地外，公司對於其外較大之印度土邦，尙未變更其關係。

當康瓦利斯爵士（Lord Cornwallis）繼任爲全印督憲大臣時，公司對於黑斯亭氏所取得之平等地位，認爲充分滿足。是時印度之主要土邦，爲馬哈拉太斯國王，尼蔡國王，亞考地國王，及梅索爾蘇丹。馬哈拉太斯國王，統治孟加拉與班甲堡（Punjab）以外之全印度斯坦（Hindustan），公司對之，維持友好關係；在尼蔡國王方面，其關係更爲親熱；卽在亞考地國王之宮庭，公司亦未佔優越地位；但梅索爾國王與公司之關係，則爲妥協而非友善矣。

後因梅索爾王笛普（Tipu）侵伐屈拉亡苦爾土邦，東印度公司，遂與尼蔡及馬哈拉太斯兩邦，合兵進攻梅索爾，造成所謂三角聯盟，不過此項聯盟，僅爲暫時性質，應付一個商協的特殊目的而已，任何一方不願繼續時，卽可解散。但公司與亞考地國王所訂之約，則性質上有顯著之變化，例如依據一七八七年之條約，凡保障伽吶梯克（Carnatic）區域所須之全部軍力，由公司負責維持；亞考地國王爲表示誠信計，不得與國外有任何政治交涉，或互相聞問。

四　權力之轉移

自此時迄馬林頓伯爵（Morningtou Earl）與威列斯萊侯爵先後督印止，各土邦與公司之相對地位，依舊未變，但彼此之間，權力與威勢，則大有變化；在一七九五年時，尼蔡國王與馬哈拉太斯國王交戰，尼蔡軍敗績於喀特拉一役（Kurdla），國勢遂一蹶不振；在馬哈拉太斯本邦內，邦主辛梯亞（M. Scindia）崩，失去重心，權力分散，中樞政府之力量減少；梅索爾土邦，仍在笛普王統治之下，但其勢力已日落千丈，惟在印度斯坦一地，馬哈拉太斯國王尚有唯一無二之軍力；在中印度一帶，霍爾卡王（Holkar）之軍隊，尚能保持其土地。

威列斯萊爵士，智勇兼賫，使公司之地位，由印度諸土邦敵對間之一員，變而爲優強指揮之主人者，卽此人也。彼與尼蔡國王訂立新約，由此使尼蔡成爲公司之經濟補助的聯盟者；此約內容，大異於尼蔡與公司以前所訂各約，其異點之重要者有三：

甲——聯盟永不解除；自此約簽字以後，尼蔡國王不得自由選擇其友國，尼蔡邦與英人成爲「永遠聯盟。」

乙——在尼蔡境內，駐紮英軍，其官佐純爲歐人，但軍費須由尼蔡供給；此項駐軍之目的，在治內攘外；由此公司有支配尼蔡內政之權。

丙——此約規定尼蔡之外交關係，須絕對由公司主持。

上述三種特質，原由五十五年來公司與阿達及亞考地兩土邦之關係，逐漸發達而成；蓋經濟補助的計畫，並非以其全部特質，急切施行，而成就於一朝一夕也。東印度公司之權威漸大，於是新的限制條文，乃插入於原來條約，帶有經濟補助的強制力，使國士負擔此種限制條文的充分使用之方式，吾人可於黑德拉伯特條約中（Hyderabad Treaty），窺其全豹。

所以黑德拉伯特條約可以稱爲十足的經濟補助之條約，由其特質所生之結果，吾人可加以分析之：

第一，東印度公司，在締結黑德拉伯特條約時，可說毫未隱匿其目的。一八零四年二月四日，印度政府有令，略云『督憲大臣之政策，在成立此項經濟補助的聯盟上，其基本原則在於削弱諸土邦之地位，使依賴英人，並剝奪其一切工具，使不能有危害大英帝國安全之舉動。』

聯盟的永遠不能解脫之性質，使土邦淪於附庸與劣等之地位。尼蔡國王，明知用兵以摧毀馬哈拉太斯國王，無異自取本人之滅亡，但條約束縛，不能自主，因其軍隊之指揮，全操於英人督政官之手。且此種聯盟之永久性質，又使英政府之執行議案，有最終決定之權，因每遇意見不同之問題，既無仲裁之機關，又無解決之他法耳。

第二，一個『經濟補助的軍隊』屯駐於土邦境域內，對於是邦之妨害影響，更爲不可思議，亦且可惡。所謂經濟補助的軍隊者，即大英政府在被聯之土邦內部，設置軍團，其軍費用款，須由被保護之土邦補助。

補助費（常佔一土邦歲入的三分之一）之支付，通常定爲按年繳納，公司深知如此鉅款，責諸土邦國王，自然不易如期交出，尤其在印度地方，其歲入之多寡，全恃季候風之順逆爲轉移。結果不出惠林吞公爵（Duke of Wellington）所料，各土邦皆不能按期交納，於是公司藉此機會，將所與聯盟諸土邦之領土，擇其肥沃豐富者，併而吞之。此種以經濟補助爲交涉條件之原則，見於威列斯萊侯爵祕密致董事委員會之一函；此公勸告董事委員，在辦理阿達土邦交涉時，必須遵照黑德拉伯特條約之先例，其言曰：

「在尼蔡土邦之例中，一個歲入有六百二十萬盧比之國家，由四百萬盧比之補助索費，竟能爲吾人將完全統治權奪佔而來。」

尼蔡國內之駐軍，其官佐均爲英人，但經費須由黑德拉伯特土邦負擔，其開支之浩大，超過公司軍或其他英軍之經費數倍；譬如司令官之薪俸，每年爲五千金鎊，其餘官佐之俸，亦照此比例。此項軍隊之目的，印度政府曾於得意忘形之時，明白申述如次：

「爲吾人私利計，彼邦主旣受制而供養我軍，且我軍又駐近其國都，當時政府乃隱晦其利己之壓迫政策，但聲言國王殿下，自願求助於一個經濟補助的軍隊，以爲保衞守土之用。」

此種經濟補助的軍隊，不僅侵蝕土邦之財政，與擾亂土邦之行政，且使公司有所藉口，實行干涉內政。威列斯萊在對付阿達土邦之關係中，已經解釋此項原則，因「國主之威權，旣由吾人之赫爵士（Minto）竟拒絕與巴普爾（Bhopal）邦主訂聯盟之約。自威列斯萊去印，與康瓦利斯死亡執行完全統治權，即與霍爾卡王所締之約，亦非使其降落爲附庸臣屬之聯盟。在一八〇九年，明陀印事務之政治制度，則是時尙未產生。一八零四年公司與辛得亞王所訂之約，依舊承認其獨立，得督政官之強制任命，王位繼承之管轄控制等問題，雖早已引起英印政治家之設計，但一種包括全經濟補助的聯盟之全部特質，在黑德拉伯條約中始和盤托出：而內政之干涉，主權之限制，於孤立，同時使德康諸土邦（Deccan）無結合之可能。

締約時，則威列斯萊以此條爲經濟補助的聯盟之要素，因彼之政策，自始即在陷馬哈拉太斯土邦年，始見於公司與亞考地國王所訂之條約，對於其他土邦，以前尙未加以如此限制。後與尼泊爾國王

第三，凡簽訂經濟補助的聯盟之土邦，不得復有外交關係。此項新條文之使用，只在一七八七所解釋之形式，得適用於任何經濟補助的聯盟之條約。

譽，而保持其職位」。故督憲大臣，對於任何國事之干涉，均認爲公司之權衡。此種原則，如威列斯萊赫聲名而維持，復由吾人之直接武力而行使，同時國王之本身，只能依附公司之力量，與英國之榮

以後，依明陀爵士所締之新約，對中印各土邦之束縛，稍爲減少；且在數例之下，公司原有之經濟補助的聯盟，乃至於解散。

當是時也，就公司對於印度各土邦之關係而論，有兩點値得吾人注意者：

甲——各種條約之中，除與梅索爾土邦所締之一約以外，每約均以平等之基礎而訂成；公司不可挾優強地位或權威，且條約之本身，亦明示有互惠之精神——至少在尚未克服之各土邦中，有此情形。馬哈拉太斯與尼蔡諸土邦，旣享有絕對的對內對外自主權，則公司與彼等所成立之互惠，不僅爲空言的形式，或安慰傷殘的憂怨而確爲一種歷史事實。

乙——每約均以絕對的態度保證各王以治理其臣民之絕對的權能；且干涉內政之任何要求，亦毅然放棄。此條之正式加入，不僅爲單純的友好表示，可由威列斯萊之言行事實證明；威列斯萊認識本條之惡劣影響，遇到機會時，如應付梅索爾國王一事，即在條約本身上試行修改：

「此雙重的政府與衝突的權能，如不幸成立於阿達伽吶梯克及譚覺爾（Tanjore）諸土邦者之類，使締約者雙方感到無數障礙與困難；每念及此，余故決定在梅索爾國內，爲公司保留其最廣大與當然之權力，以干涉其內政。」

在認識此種保證絕對權能之制度的惡果以後，若威列斯萊與其後任諸人，不得不在各項條約之中普遍加入上述之文句一條，則其所爲者非僅單純形式之動作，顯而易見矣。

五　一個新時代

在黑斯亭氏之統治下，印度諸土邦與印度政府間之關係上，開闢一個新時代。自一八一八年消滅馬哈拉太斯土邦後，東印度公司乃爲印度斯坦中之唯一權威者（除旁遮普外），自此時以至一八五八年英皇加冕取受統治權時，各土邦之地位，經歷一種緩漸無形之變化。在一八一八年時，辛梯亞仍爲一獨立土邦，霍爾卡亦未完全銷沉於經濟補助的聯盟之中，馬洛考爾姆爵士（J. Malcolm）在一八二二年宣稱：

「對於辛梯亞吾人只有通常友好之關係，在其內政之任何部分，吾人不能要求干與之權。」

當辛梯亞王在一八二六年臥病垂危之際，印度政府愼重聲明關於其王位之繼承，與內政之設施，絕不欲有所干與，對於印多爾土邦（Indore），亦抱同一態度：

「大英政府今特申明，對於國王殿下之子孫、親族、臣僚、百姓或奴婢，絕不顧問干涉，因對此諸人，唯國王殿下有治理之全權。」

但另一種新設政制，漸次出現，與上項計畫並行。一羣新興土邦，已發生於中印（除 Gwalior, Indore 及 Bhopal 以外）與伽西亞瓦特（Kathiawad）兩地，印度政府對之，有完全控制之權。且自馬哈拉太斯一邦崩潰後，與那吉普太南(Rajputana)地方諸土邦所締結之聯盟均以「附庸合作」之原則爲基礎。實際上自一八一八年後所訂各約，除克什米爾土邦一例，因當日地理上與政治上有所顧慮外，其性質均爲公司保留管轄與統制之全權。

是時公司之政策，既不一致，又不均勻，對待較大之土邦，則認爲獨立自治；對待較小之土邦，則施行封建政策，運用主上之權威。總之，公司政策，除在阿達、黑德拉伯特、及梅索爾諸土邦，已有不同之成例外，係以吞併而非干涉爲原則。

公司董事會，在一八四一年，聲明其政策：「不可放棄正大而光明所取得之領土與賦稅。」此項命令，達爾好西爵士（Marquis Dalhousie）奉行惟謹，結果則阿達、薩太拉（Satara）、吶格拔（Nagpur）、諾魯爾，及其他許多土邦，均經吞併，成爲公司領土之一部。及到『叛變』發生，吞併手段之悲慘結果，成爲流血，公司人員，始知是項政策之失敗。經此『叛變』而後，藉端吞併土地之事，不復爲應付各土邦之大英政策。在一八五八年前，官場對各邦所正式承認之地位，就比較重要之土邦言，乃爲友好而不干涉之聯盟的形式。

在公司將印度交獻於英皇之法令內，特別聲明公司治下所締訂之各項條約，英皇須依照而行。同時女皇維多利亞之諭旨，亦承認上項事實。由此公司領土歸於英皇之轉換，對於各土邦與英政府之地位上的法律原則，無絲毫變改，已顯然可見。但在一八六一年時，正當『叛變』平息以後，大要原於各邦王公之藩臣效順，英政府遂有下述之要求：昔日的平等獨立之聯盟邦主，須變爲附庸臣屬之空名首長，以加責罰，或革職位，或去頭銜，一以印度政府之意志爲轉移。此種優越勢力之要求，不僅爲一歷史事實，而且爲一法律原則，可以隨時解釋而擴充之。克寧爵士（Canning）對那吉普太南各王公演說，申述其原則如次：

「德里（Delhi）王朝，以前為吾人本身之便利計，吾人久已接受其代理權能，認為滿意，現在則其遺跡已掃滅無餘，王室代表之最後篡竊者亦已消逝而去。大英國皇現在巍立於前，為全印之至尊皇上及優越權威，與諸臣藩屬今為第一次之覿面。大英國皇之主上地位以前尚未成立，現在則不僅為諸酋首領所感覺，而且須懇切承認，故已成為實體。」

此項原則，一方為主上之尊崇，一方為封建之臣屬，在印度各土邦之關係上，第一次作普遍之適用；其後梅雅（Mayo）爵士復加以擴充、解釋與注重，在亞吉米爾（Ajmere）大會諸王酋長時，梅雅有下列之演說：

「吾人若尊重諸君之權力與利益，則諸君須尊重屬下臣民之權力與利益；吾人既以政權託付諸君，則吾人希望諸君組成善良政府，以為報答。吾人之所求者：那吉普太南全境，處處應有正義與秩序；個個人民之財產應得保障；行旅往來者處處應得安全；農人耕種田土者應享有其勞力之收穫；商賈之經營生意者應享有其營業之利潤；諸君應致力於道路之修築，灌溉工程之建造，以求改善人民之生活，增進諸君之稅賦；諸君更宜提倡教育，救濟貧病……」

梅雅爵士在此演詞中所申述之原則，顯然違背大多數條約所含之明確而堅決的聲明：『大英政府對於各土邦之行政，不得有任何干與……在內政方面各王公爲絕對獨立自主。』今則謂印度政府有權顧問各國人民之福利；吞併土地之政策，雖然放棄，然又提出一種新策，使一切土邦皆附屬於大英政府，同有稱臣奉命之責，且在辛梯亞領土內，如在伽西亞瓦特小邦一樣，有同等干涉之權；此種要求有無限擴充之可能。一八六一年之『法令』(Sanad)，限各土邦遵守其目的即在完成此全國一致之忠順。

前項『法令』，僅由一紙通令而樹立，造成效忠大英政府之義務；無論何時，各土邦如有要求照原約之基礎以相待遇者，政府則以其承認一八六一年『法令』之義務反相詰責。黑德拉伯特土邦之事，即爲最近之一例，其王要求待遇情形之改善，而李定爵士 (Reading)，得內務大臣之贊成，答以黑德拉伯特邦主，與其他王公一致，早已接受一八六一年之『法令』矣。在忠順與服從兩點上，各土邦之關係，實已爲上項『法令』所造成一致。

條約所允許之自治權能，『法令』所形成之忠順服從，及嗣後所許諾之憲法地位，實矛盾異常，梅雅爵士亦已見及，在其致閣員某公函中有云：

「吾人與本地各封建土邦之關係，雖絕未確定，大體尙屬滿意。吾人之行動，係依據不干涉之原則，但亦常須參與其政事。吾人允許諸王設置陸軍，以保護其土地，但不能聽其自由作戰。吾人鼓勵諸王設立法庭，但不能讓其裁判歐人。吾人承認諸王爲獨立君后，但亦時發命令，皆欣然服從。當國王犯罪或許人作奸之時，如湯克（Tonk）一例，又或造成不良行政之時，如亞爾瓦（Alwar）一例，其君無道，殘害百姓，吾人乃革其職位。對於某種土邦，吾人委置督政之官，對於其他則否；又如對付甲伊坡（Jaipur），拔提亞拉（Patiala）及巴普爾諸土邦，吾人維持友好親善之關係。此外如亞爾瓦及多爾坡諸邦，除其違背重大義務，吾人下令斥責而外，鮮有公文之往還。」

六　經濟之變化

吾人須知「叛變」後之十年內，各土邦從其素爲特殊的與法律的異域地位，一變而爲總督大臣的間接政府之統治區域。在「叛變」以前，土邦之所恐懼者，爲土地之吞併，今則此種恐懼已歸消滅，而保證的獨立與自主之觀念，亦同時消滅。但新的恐懼，即爲討厭與煩惱的時常干涉之恐懼，又繼吞併之恐懼而代興矣。

在「叛變」以前，若有某地爲軍事上或商業上所必須應用者，東印度公司即簡直行動，併而有之，或用他法以全權管理之。達爾好西爵士在一八五六年二月二十八日的紀錄册上，申述其吞併畢乃爾（Berar）地域之合理，其詞略云：

「在畢乃爾及其附近縣域之佔據上，吾人值得記憶，大英政府已獲得全印大陸上所有的最優秀之產棉地域，由此開闢又一鉅大原料之供給來源，吾人在纖維製造業上所感之欠缺，因此可以彌補。」

此督憲大臣，又坦白的表示：

「鄙人藉此機會，以紀錄個人之強烈而愼重的意見：大英政府，在實施一種明達而正當之政策中，絕不能放棄，或錯過如此合法之機會，以增益其領地與賦稅，此種機會，隨時可以降臨。」

如此增益公司領地之政策，其後復經放棄。但公司爲其經濟與他項發達之目的計，又開始視各土邦之土地如其屬地，公司能在其中施展巨大權威。凡關於鐵路之建築，電線之敷設，貨幣之流通等計畫，可似證明此點。例如『叛變』後對於拔提亞拉與金特（Jind）二邦所定之『法令』其中明言邦主須令本國之官吏依照時價，供給必須之原料，修造火車站，建築道路橋梁等。在一八八一年之梅索爾條約中，印度政府限定其國王送讓一切修建鐵路所須之土地，並轉移此項地域內之全部法權。關於此事所採用之政策，最好引拔提亞拉一例爲證：

『印度政府詳細觀察此事以後，已作如此之論斷：依據適用於全印，而大有關於全印路政之設施的帝國理由，拔提亞拉邦主在此事上，必須順從政府之意旨，如大多數本地土邦之所已奉行者然。故督憲大臣閣下，不得不請貴邦王殿下履行上項要求，並將本署一八九九年七月二十四日公函第五號轉來之條約兩份，依其所述之各項鐵路，簽字送還爲要。』

七　經濟生活之發展

自「叛變」發生以後，印度政府之政策專注於經濟利益之妥健集中在「叛變」後之時期內，印度之經濟生活有特殊之發展；鐵路之擴充，印度棉花之需求（美棉因南北之戰而停止供給世界，）孟買之勃與爲主要的工商業中心，近代銀行郵電等之創造發榮，均引起一種穩健而蓬勃之經濟統一。各土邦王，震蕩於此狂潮之中，自然難以支撑，故對於自身之經濟獨立，只得讓渡，或被迫而讓渡。

印度政府若在「叛變」以前，必提出一種坦白的經濟要求，不顧禮義而併呑土邦；但現在則苟得各邦讓渡其經濟利益，如鐵道建設，法權轉移，及英印郵政、貨幣、電報、電話等統制之成立，亦已滿意。

此項強迫土邦等歸於單一的經濟制度之政策，在食鹽與關稅兩事上，尤爲勵行。凡自有海口之土邦，皆被迫而接受大英關稅率，其無海口之土邦，四周爲大英領地所包圍者，則全無關稅徵取之收入。克什米爾土邦，其轄境與俄國及中國新疆接界，因有徵收過境貨稅之舉，旁遮普政府遂於一八六五年作干涉之恫嚇，而此時之克什米爾土邦，尙享有完全獨立之權。關於食鹽問題，印度政府亦不顧諸邦之利害，施行一種統制政策，取得製鹽之專利特權。

凡此種種所生之集合結果，使『叛變』後與第一個德里封王出現的十九年之間，各土邦在政治權力與經濟獨立上之地位，受到嚴重之損抑。在政治權力方面，印度政府已提出而運用一種要求，以便革逐或審判各邦國王（如格克瓦王與湯克王），強制而干涉內政，（如亞爾瓦、達提亞、蕪荅坡等邦定）尊卑而製禮儀（如達梯亞邦，）賜職銜而示恩榮，（如德里封王。）就實際而言，一種半封建關係之原則，已爲印度政府所故意樹立，雖處處與歷史事實相直接違反，亦所不惜。

經濟上之屈服，亦爲同等嚴重；其計畫之竭力施行，亦極普遍。印度政府利用一切機會，或因土邦之貧弱，或因邦主之臨時窘困，強其就範於大英印度之經濟生活。此項辦法之繼續，對於各土邦民衆之普通發榮上，大有殘害之影響，以至各土邦被視爲落伍之區；殊不知此種落伍，實由印度政府所施之經濟侵略政策使然也。

土邦之地位，變爲異常嚴重，有力者方面，竟倡言一種學說，抹煞一切歷史事實，謂印度各土邦之政治權能，不是永固的，只是暫得的。寇仁爵士（Lord Curzon）說，『英皇之統治權，是全國所不可侵犯的，本此特權，即已規定許多限制。』若此說爲眞，則印度政府可隨意提出任何要求，皆爲合理矣。故由此種學說之提倡，可見一切條約與會議，皆係強制印度各土邦行之，爲大英與印度之商業利益而已。此說繼續進行，至少迄於『明陀麻萊改革案』（Mintomorley Reforms）之提出時期，因英領印度發生民族運動，故大英政府與印度土邦之關係問題，不得不復加考慮。

此種變更態度之結果，在哈丁吉爵士（Hardinge）督憲任內，始爲顯明，例如梅索爾土邦之約，已將該邦淪於劣等地位，現在乃加修改。當歐洲大戰時，哈丁吉爵士自由與各邦主商協一切問題。且各邦對於大英關係所表示之堅定忠順，及其貢獻於戰爭之軍務與財政的寶貴援助，又證明維持其權威，保障其自主，而避免印度政府之強奸，有急切之必須。在大戰後所提出於印度政府之『改革案』中，諸土邦之地位，實得有同情之考量，由此產生兩項重要結果：印度政府前此禁止各土邦之聯席商議，今收回其禁令，並允許設立一『土邦常務委員會』，其主要任務，在關於較廣的政治或經濟利益之事業上，求取各土邦之共同利益；又設置『邦主總會』一所，遇有影響及於各土邦全體之問題時，可向督憲大臣貢獻意見。

此兩機關：常務委員會，與邦主總會，在問題之外部一面，已使印度政府大變其態度。譬如『印度王侯之權能利益，只爲暫得性質，』及『英皇在各土邦內亦爲一切權威之本源』等說，不復如寇仁督印時代之盛行矣。此種學說已被肯定放棄，印度各土邦在其國內已被認爲獨立自主，凡昔因條約或慣例而讓渡於英皇之權威，今又明認各邦主可以自享此項原則之承認，自然包含無數政治經濟問題之再行考量，因在過去，此等問題皆由政府擅用法權以解決而已。現在印度各土邦之外部問題上的堅決趨勢，顯由於印度政府之退讓，與各土邦之恢復其大部權能；此種權能，多在『叛變』至寇仁督印期間所喪失者也。大英政府之委派拜地老委員會（Butler Committee）即在欲將上項趨勢，納歸於一種有系統與合法的基礎之上。

在印度各土邦之外部問題中，另有一同樣重要之點，即各邦對於英屬印度之人民的關係是也。印度各土邦皆爲內部之小封建式的王公，除克什米爾土邦一例外，四周均爲大英領地所包圍，其人民與英屬印度之人民，自有無限相連之關係。就經濟與政治雙方而論，各土邦實皆爲同一國家中之一部而已。故英屬印度之政治與經濟發展，密切影響於各土邦，譬如英屬印度的各埠之關稅徵收，其作用卽爲各土邦之間接收稅。所以在印度之民主政治組織發達時，各土邦——無論其相與聯盟者之爲誰何——與英屬印度人民之關係將愈變愈親密；在印度自治問題中各土邦已有其地位，實無可疑。各邦王公對於英屬印度人民之要求自治已坦白表示同情；但亦同樣聲明政權由大英政府歸於英屬印度議會之轉移，不能卽認爲印督所加於各土邦之政權控制，亦卽同樣轉移於議會；因印度各土邦之條約關係只是對於英皇而已。現時之全印督憲大臣，包括兩種作用：在各土邦之關係上，督憲代表英皇；在英屬印度之統治上，督憲爲領袖行政官。在印度各邦王公之意，以爲根據國會立法，英屬印度之領袖行政官，已降至次於議會之地位，此點絕不能影響於諸邦王公與英皇之相對地位。除此以外，諸王公已全體表示，在影響彼此之經濟與政治問題方面，極願與英屬印度締結任何合理之契約，

八　內部問題

各土邦與英屬印度之關係，僅爲此最複雜問題之一面；其他同樣重要而不如此驚擾之一面，

則爲其內部政府。此點可以數言概述：各邦主對其臣民之責任爲何？欲求各土邦之治理進步而良善，應規定之裁制方法爲何？由此兩問題觀之，印度政府，在代表英皇地位上，有何干涉之權？

諸土邦旣爲印度政府之軍力所維持，（現時如此）且就一般而論，諸土邦早已讓渡其對外防禦之權，並在各種情形之下，亦已放棄其對內防守之權，則爲其主上者之一方，顯然有重大責任，以考察其防衞權之未嘗亂用；諸王公在其槍桿護衞之下，未嘗暴虐其百姓，或在其國內無盜匪之組織，無棄嬰之惡習等。如遇行政之腐敗，財政之破產，威權之濫用，則主上一方之干涉，當然應有。但是能使干涉合理之裁制限量如何？印度政府只能爲改善其政治之建設需要而施干涉否？又諸土邦之臣民，對大英政府有何效順之義務否？

此等疑問，常存於本題之背景以內。當大英政府革除一邦君主時，普通所持之理由，爲大英政府對此邦人民之盡其天職。所以干涉內政之整個問題，集中於大英政府對土邦臣民所覺之責任範圍矣。本問題之內外兩面相聯，印度諸邦主，近始感覺；而其過去之要求，則爲諸邦主在國內皆獨立自主，無所謂暴虐或惡政，能證明主上一方之干涉爲合理也。此種態度，近來已有改變，如克什米爾邦主殿下，新近演說有云：

『吾人知單純之條約與合同，不能擔保吾人之地位，最後之權威，必須自內部得來。吾人地位之力量與鞏固，憑藉於國內之擁護者多，而依靠於外部之保障者少。吾人維持吾民福利與進步之義務及責任，自祖先遺傳而來，吾人與民同其生活，與民共其憂樂，吾人為民衆權利與利益之保護者。

所以吾人地位之最優的與最效的保證，在於吾民之福利與繁榮。同時吾人與大英政府，及與吾人身為一份子的帝國之關係，亦須建築於一滿意的基礎之上。吾與其他兄弟國王，共同切望『委員會』之工作，將在此一方面產生偉大結果。各邦與諸王之事，為一幹練而公正之團體所慎重檢驗，此實為第一次。吾只能誠懇表示希望：此『委員會』所考量與建議之結果，將使印度諸邦與大英帝國之關聯，益臻強固，並在關於印度各邦之一切事務上，樹立一肯定而久長之同情與信任政策。』

此種趨勢，顯為一種在各土邦內，求達憲法改革之眞正運動；下列之決議案，係代表各王之拔提亞拉邦主殿下，用『土邦常務委員會』名義，在孟買開會所提出而一致通過者，觀此益可概見：

『印度各土邦之王公與代表會議肯定表示印度諸土邦之意志與大英皇帝政府及英屬印度之政府與人民，共同合作以求達保護全民利益與獲取全印進步之實現；又再肯定表示，印度諸邦王公，決負責依據上次「邦主總會」之紀錄案實施國內之法治及提高臣民之福利與生計；且認爲英屬印度與各土邦之進步及發榮，皆賴於憲法規程之創製，以修正其相互間之一切關係。』

據聞諸王亦已接受關於各土邦之憲法改革方案，其內容大要，爲某王所概論如次：

甲——賦稅之用於邦主與行政兩方者，須作正當之分配；在印度觀念之中，邦主爲人民之父，須將賦稅之大部份用於人民之福利方面，只一小部份用於邦主本人之尊崇生活——此種概念大異於西方之帝王觀念，西方帝王，常於原屬民用之賦款中分取一部份。

乙——官吏職務之保障：每一官吏，憑慣例與法令，只要任職無虧，須保證其職位之安全；又須保證其不受王公或其他行政機關之非法牽制；且官吏任滿退休時，須享受適當之養老金，以爲服役之報酬。

丙——生命財產之安全：每個人民，只要服從法律，可以長享其個人之自由，財產之保有，及勞力之收穫；欲達此境，須有：

（一）健全之法律，無論成文的或習慣的；

（二）充實而廉正之警察，連同適當之軍力居其背景；

（三）獨立之司法制度，每一法官佔高尚之社會地位，具必要之資格，享有優厚薪水，使不至於受賄枉法，保證其非有瀆職事項，得任職終身，迄於接領養老金時。如或法官犯罪，須由其他法官與行政人員具有同等職位者組織一適當機關以爲審判。

在許多較大的土邦中，上述原則已早依立法與慣例而實行。就實際言，在梅索爾、屈拉亡苦爾、柯琴（Cochin）、拜羅打（Baroda）、格瓦力爾（Gwalior）、黑德拉伯特、克什米爾諸土邦，包括土地約二十三萬方哩，其進步的行政紀錄，已足與英屬印度相比擬。在教育、社會法制、及經濟活動各方面，進步的土邦之政府，實超越英屬印度政府而上之。梅索爾、屈拉亡苦爾、柯琴、及拜羅打諸土邦，在識字民衆的百分數上占全印之最高位。就經濟與工業觀之，梅索爾、格瓦力爾，及克什米爾諸邦政府能爲其民衆利益而努力。至於社會法制一項，印度各土邦之王公所能成就者，已高出於英屬印度之政府。例如童婚之惡習，在拜羅打、克什米爾、及蒙笛（Mandi）諸土邦內，已爲法律所禁絕。在屈拉亡苦爾及柯琴兩邦昔時所盛行之母權制度，現已爲國法所廢除。大多數之印度各土邦——當然爲其最重要之土邦——已採用一種進步開明的行政之和協政策，實爲不能否認之事。各土邦之合理存在，若無他證，卽此亦可爲據矣。彼等構成印度人之印度，在其國中，人民與王公共同致力於本身之改進，且藉本身之努力，以造成較高之民族生活。

故各土邦在印度政治解決之總計畫上所佔地位，已爲有關各方所完全認識，不過其地位如何，尙無規定之嘗試耳。以土邦爲進步途程上之阻障，因而欲求其廢除之政策，當然難於實行，因英屬印度之人民自身亦無此偉大之力量，他項理由且不計也。且謂此一百二十處之大小土邦，將離開印度之他部而獨立，享其充分自由，而互相仇鬭，形成無數政治與經經之障礙，以分裂吾人之國家，亦過慮之談耳。測所以各方承認之唯一解決方法，在於創設一種政制，以條約保證諸王之固有權力，且爲諸王在適合印度之安全與和平範度內，制定其自主規程。諸王已誠意接受此說，並歷經表示，凡計畫之保證各王的合法權利，而又能獲得統一的印度之進化者，諸王皆樂意爲之。此種政制，可使自主諸邦，與一負國防及外交全責之中央政府，相互密聯實結。諸土邦在其王公統治，與適應成俗而發展之下，對此必將大有貢獻焉。

附錄

巴特拿見甘地

一 函約

甘地先生年來的運動，注重下層工作，親自旅行全印各地，深入貧苦民間，現身說法，以喚醒平等團結之精神，打破階級歧視之惡習。本年五六兩月，爲先生預定旅行孟加拉省之時期，余與譚君云山所在之國際大學，正當孟加拉省之西北，乃決心靜候先生之來臨是區，順便與之一面。譚君夙與先生有雅，爲愼重周密起見，譚君先期致函先生，申述余等欲與會見之意，旋得先生覆書，約於五月二十日在加爾各答城中晤談。是時國大已放暑假，氣溫每日達華氏百度左右，教授學生，相繼離校，余等以温帶之人，頗不耐此炎熱，本欲前往北印，觀喜馬拉雅山之雄偉，藉以變換空氣，然既與先生約會，不得不靜待守候。

先是有英國女士曰來斯德者（Muriel Lester），係社會主義之基督教徒，對於甘地先生極端信仰，往歲先生遊英，赴『圓桌會議』，卽居女士之家，女士著有一書，名曰『接待甘地』，在印度極爲風行；去冬曾至中國，今春來遊印度，於四月中參觀國際大學，與余等晤談甚契，並言須往甘地先生處，願爲余等先容，以免臨時麻煩。女士別去月餘，忽致余等一函，謂甘地先生行程已變，不能於五月二十日至加爾各答，囑余等於五月十九日至巴特拿（Patna）與先生一見。余等遂於國大附近之波爾舖站，乘夜快車前往，翊日正午達目的地，時赤日炎炎，汗流浹背，心中又有人地生疏之感，然一履車，但云『見甘地』數字，車夫卽欣然答曰『呵，是我知道的，請上車』蓋甘地先生之名字行蹤，婦孺皆知，其深得民心，卽此可見。

二　初見

甘地先生所居之處，爲巴特拿賑濟會，余等旣至，卽有招待員出而接待，來斯德女士復出與余
等寒暄，並介紹甘地黨徒中之領袖數人，相與暢談。彼等所問者多爲中日問題，余等所問者，多爲甘
地運動者生客應酬之辭，然卽察其所問，余等知彼輩完全不明中國之事，所有印象不過得諸英人
報上之片言而已。
余等以國家民族爲立場，頗多張揚之答詞，意在糾正其觀念，予以佳良之印象耳。有法人席萊
索洛博士，亦於是時來見甘地先生，彼正從事一種『國際非武力義勇團』之工作，居日本有年，曾
參加歐戰，與余等見面甚表親熱；對於中國之暴棄不振，任人蹂躪，深爲惋惜。余等自愧事實所在，不
容置喙，唯力言我國已如何醒悟，如何準備，如何奮鬬，如何團結，如何對外，民族復興之業，必能見於
最近的將來，此老聞之，似亦興奮而表同情。
印度國民大會之常務委員會，是時正在甘地先生指導之下而開會於巴特拿，討論『自治黨』
之組織問題，各方領袖雲集，故甘地先生之忙碌，倍於尋常，時而接見領袖代表，時而開會商談，時而
起草文約，余等候之三時有餘，尙無晉見機會，嗣乃商之來斯德女士，申明余等不便久留之苦衷，女

士為余等轉達是意，遂蒙甘地先生於會議席上抽出片時，先與余等一面。印度習慣，室內不設桌椅，地板清潔，或舖氈毯，入門須脫去靴鞋，席地而坐。時先生與諸領袖正席地圍坐，密商大計，余等至門，方在俯脫皮鞋，而先生之敏銳目光，已注集余等身上，即高呼曰：「照你們的原樣進來可也。」余等急趨而前，譚君坐於先生之右側，余坐於先生之對面，先生以和藹之態度，與輕清之音調，問譚君曰：

「別來無恙耶？余甚喜再見你。」

譚君簡述渴慕，並道遍來行蹤，先生又向余而言曰：

「來自中國耶？余甚喜見你。」

余略致仰止之詞。先生復言曰：

「余此刻正開會，恕不能多談；明日余將乘火車赴阿里塞，君等倘或有便，可與余同車而行，當作長談。」

余等應之曰唯，即合掌行印度人之敬禮，並口稱「南摩斯卡」而退。（按「南摩斯卡」一語，即佛家所唸「南無阿彌陀佛」之「南無」之意，至今已成為印度教人之習慣敬禮語，凡朋友見面或告別時，皆口誦之，彷彿如我國人之說『你好，』或『回頭見』等語，及西洋人之說『早安』，或『再會』等詞一樣。）

三　會議

是日下午四時，全印國民大會常務委員會舉行擴大會議，通過『自治黨』(Swalajist Party)之組織規程。先是一九二〇年甘地先生正式宣布『非武力抵抗運動』以後，主張不與英人合作，不做英國官，不買英國貨，不納稅，不當兵，凡英人之所作所爲，所行所止，一切以『不』的政策對付之，印人贊成者甚多，然反對者亦不少，於是一九二四年有所謂『自治黨』之出現。是黨主張，與甘地先生之意見略有出入，以爲印人可以置身印度官場，加入印度議會，求在官場及議會中與政府搗亂，以達於自治之目的。不知官場之規律甚嚴，議會之空談無補，故『自治黨』之成績甚微，而流弊所趨，反成政府之工具，大爲國人所詬病，遂於一九二九年無形消滅。甘地先生之非武力抵抗運動，乃益昌隆。然因是而領袖之下獄者，相繼不絕，世界不景氣之惡潮，波及全印，智識階級之失業者甚衆，個人生計固瀕於困厄，國民經濟亦近於破產，英人之受傷雖重，印人之痛苦亦深，大有兩敗俱傷之勢，於是極端不合作之運動頗不能不變其策略。甘地先生爲通權達變計，容許黨人放棄非武力抵抗之主張，而本人則單獨繼續不合作工作，同時遍遊全國，努力於民衆內部之團結及階級制度之廢除。或以是而譏先生主張之不堅，殊不知先生策略變而主義不變，別有苦心也。

『自治黨』既因時會而復活，且得甘地先生之許可，故其成立迅速，同時政府爲歡迎黨人之合作計，於本年四月解散原有議會，三個月內舉行選舉，召集新議會，使黨人有被選爲議員之機會。故目前國民大會常務委員會之工作極爲緊張，欲求『自治黨』之完全成立而進行競選也。是日舉行之會議，卽在通過其組織之規程。余等既見甘地先生而出，各領袖亦相繼散會，偕甘地先生前往出席擴大會議，余等亦被邀同行，觀其盛典。

會場設於市立圖書館之大會堂，上部爲主席臺，領袖等席坐其上，余等被視爲外賓，亦坐於臺上；下部爲聽衆座位，黨徒坐列其間，其餘兩旁走廊及樓上廂房，皆擠滿民衆，全數約千人左右。首先發言者爲甘地先生，所言爲印度語，余等不知所云，但見其口講手指，頭搖臂動，聲調抑揚頓挫，觸耳而知其爲滔滔雄辯，聽衆肅然，時而全場發笑，掌聲雷動，時而咳嗽無聲，空氣緊張，約一時許而畢其辭。次之各領袖相繼發言，臺下人衆，亦有自由登臺發言者，或用印度方言，或用英語，頗有劇烈之爭辯，對於甘地先生所言，有熱忱擁護者，有大聲反對者，人聲喧雜，或交頭接耳，或起坐不定，或出入自由，全場嚴肅之氣象，頓成紛擾之情形，時間既不遵守，秩序無人顧到，主席有時亦大呼『秩序呵！秩序呵！』然效力甚微。此或爲印人開會時之常情，不足爲怪，然在余等初次見之，頗覺不安，若能排列議案，分配時間，使發言人依次發言，嚴守時限，則不特時間可以經濟，而秩序亦易於維持，不知何以疏忽若此。余等枯坐既久，注意不復集於演說之人，而及於甘地先生之容儀。余見先生靜坐臺之中央，正在進行紡紗之工作，余之好奇心，油然而生，乃趨近視之，其紡紗機爲特置，長約二尺，兩端寬各約一尺，高約四寸，挽紗輪及紡錘皆具，形如圓錐體之直斷面，巧小靈便，易於攜帶，時先生一手執機上之錘，一指挽錘上之紗，態度從容，動作靈敏，至有興趣。余想先生之意，未必在紗，不過示人以勞作之重要，時間之寶貴，及手藝之價值而已，所謂醉翁之意不在酒也。會議既達三時之久，衆有倦容，遂有半小時之休息，余等已窺會議之一斑，亦於是時辭出，後聞是會至夜間十二時始散，前後共費八小時之久，結果則甘地先生之主張勝利，其所提草案，均經通過云。

四　生活

甘地先生本人之生活，極爲簡單。論其衣，則光頭、赤身、跣足，所須不過數尺白布圍縛腰間跨下，每當烈日懸空，暑氣襲人，先生行動自若，不須襪履，不用傘帽，一如乞兒苦工。論其食，則羊乳一杯，蔬果一二起，清水一盂，絕對不食肉類，所謂海味山珍，從不知爲何物。且每日所食均有限制，食物樣品，至多不得過五種。論其住，則斗室丈地，草蓆一方，坐臥其上，怡怡如也。先生蓋視衣食住爲身外之物，不得已之煩麻，苟能簡省，當盡其極，彼窮奢極慾之輩，皆可憐蟲耳。

先生在巴特拿之日，從衆甚多，一部爲其侍從黨徒，一部爲各方領袖，一部爲民衆代表，一部爲外國來賓，以致所居之處，擁擠異常，屋內無空室，屋外坪中皆帳蓬，即樹蔭草地，亦滿座高朋。余等倘欲與甘地先生晤談，故是晚即留止其處，七時許入食堂就餐；所謂食堂，即小室一間，清潔簡單，地上鋪一『乙』字形之毛毯，食客皆脫去鞋履，魚貫而坐於毯上，如僧尼之打坐模樣，各人前面有銅盤一具，盛有麵餅三四片，白飯一勺，山芋數枚，青菜少許，牛乳一杯，清水一盂。先用清水洗滌右手，然後以手指拾取食物入口，但須注意勿用左手，蓋印人視右手爲清高，而認左手爲卑濁；如洗面洗上身，則用右手，洗脚洗屁股則用左手，故取吃食物或授人物品，必用右手，否則必被笑爲「阿木林」也。

余等晚餐既畢，乃攜衣服臥具尋覓宿處，不久獲見井旁水門汀一大塊，寬長約近方丈，爲工人浣衣之處，乃掃灑一遍，展開被單，時夕陽雖下，而地面熱氣未散，水們汀光滑之地，炙手可熱，稍一仰臥，便覺熱氣沸騰，有如芒刺在背。同時蚊蟲飛鳴，往來如織，若慶其運氣大佳，飽餐在即者然。余等對此露宿風味，素少經驗，只得躍然而起，徘徊於綠蔭樹下，仰觀星斗，明月在天，不知身在城市之間。及至夜靜更闌，始復就寢，衣襪隨身，手巾遮面，頹然捲伏於被單中，俄而驚東方之既白。

五　同車

天明在四時許，甘地先生卽已早起，集其徒於綠草坪中，舉行淸晨祈禱，余等亦前往參加，羣衆圍坐地上，中央鋪一小毯，點一燈光，一人手持印度教之聖經，坐於其上，口中唸唸有詞，旋卽靜默，繼而三四女郎，端坐一排，齊唱頌神之歌，珠喉婉轉，和以樂音，柔美之中，寓莊嚴之氣，令人心曠神怡，靈感啓發，覺宇宙之偉大，媿自我之渺小，宗教之有益於人生，其在斯乎。女郎歌畢，主禱者復誦經言一節，繼以靜默，散會，歷時約半小時而已。

早餐既罷，甘地先生卽偕余等赴巴特拿火車站候車，時人山人海，多貧困之工人苦力等，衆爭先恐後，趨於先生之前，或遙立行禮，或俯伏「摸脚」致敬，（「摸脚」爲印人最高貴之敬禮，凡對於德高望重，或位尊職大，或愛戴甚深之人，羣衆始行此禮。）歡呼雷動，聲震屋瓦，路局爲先生備三等車廂一輛，蓋先生以自高身價爲奇恥大辱，絕不乘舒服之頭二等車，必欲與貧民平等，共嘗艱苦，乘坐三等客車，余等俟先生上車後，卽偕其隨從約十四五人，相繼而入，汽笛一鳴，萬衆歡呼，先生合掌稱謝，車輪已開始噠噠，前進矣。

先生在車中假寐小憩，徒衆侍之甚周，既而醒坐，卽手招余等與語，作極客氣之辭曰：

「君等遠來見余，有何見教？」

余等卽申述中印兩國民族之重要，及兩國文化之關係；中印學會之組織，及溝通文化之工作；

在國大所任之教職，及太果爾先生之贊助，更欲求先生指示方法，以利進行，先生乃從容言曰：

「誠如君言，中印兩國過去之關係甚密，近世始爲疏遠，若能恢復舊誼，誠爲美事。昔有一日本學生，自國際大學轉來見余，問其所學，則云深求印度佛教，余卽告以欲明佛教，必深研梵典，了解印度之古代文化。如欲明悉印度民族，則必拋棄書本深入印度鄉村，與民衆爲伍，共同生活若干時日，始能有效，……余亦希望君等走入印度民間，與鄉人居處相當時日，然後可以瞭解印度文化所在，精神所託云……且余於中國文化，媿無所知，余所見之中國人，不過來印「賺錢」之商人而已。君等已見加爾各答之貴國人民否？印度人民之在上海，中國人民之在加爾各答，君等亦知其所作爲否？」

余聞加爾各答之華僑，頗有不務正業而嗜賭博，不顧名譽而吃食與販賣鴉片者，今觀先生之意，似乎指此，余卽答以商人工人，多未受良好教育，不可以一概而論，華人之在加爾各答者，多爲木工、鞋匠等手藝工人，先生不待詞畢，卽曰：

「是也，彼輩唯爲精巧之工匠。余以爲吾人行事，當從小處做起，當由本身經驗得來；余之生平工作，凡非余經驗所能及者，余未嘗作之。君等之工作甚佳，余望君等深入吾國鄉村，不必專居國大，余以十分誠意，祝君等之成功與順利；如有事與余商榷，請隨時以信函往來，余甚樂聞君等之消息也。……」

先生復提及許多問題，滔滔不倦，余等見會話已達半小時以外，未便繼續攀談，乃作『感謝』『滿意』及『希望』等客氣詞語，起立行禮告別。

是時烈日炎炎，火風熊熊，狹小之火車廂中，有如蒸籠，而先生談笑自若。每至一站，民衆蜂擁而前，以貧苦階級爲多，或攀登車窗，或站立椅上，以一覩先生容顏爲快，大呼『聖哲甘地，聖哲甘地』等口號，最奇異者，先生伸手窗外，民衆爭以金錢授之，或送一元，或送一角，或送銅元數枚，爭先恐後，似以送達爲榮。猶憶先生曾在某處歡迎會中，受到民衆千餘元之贈款，中有貧農一人，贈先生黃牛一頭，又有小販一人，送先生大冰一塊，只得當場拍賣，取換現金。蓋先生早已放棄家庭，散去家產，專心爲民族奮鬬，現在乃一無家無財之人，而其行旅宣傳，頗須用費，故民衆樂於輸將，先生亦受之無媿，此亦古今領袖中之特點也。

是日先生之行程，係赴阿里塞省民間宣傳，而余等乃赴加爾各答訪友，午後二時，先生須換車轉路，復與余等珍重告別，余等送之站上；但見其赤足光頭，在民衆之蜂擁與歡呼中而去云。

六 黨徒

甘地先生周遊在外，從之者常有黨徒，人數多少不定，有時行抵一處，參加其行程者，爲數極衆，有時或散而他之，分別進行其工作，然常在先生左右，亦步亦趨者，凡十餘人，蓋爲先生照料事務，辦理文書，及布置一切，以便於工作也。隨從之衆，多爲青年女子，亦有數人，專任祈禱時之唱歌，及先生食飲起居時之侍奉，最令人敬仰者，爲英國女子施烈特（Slade）。聞女士原爲英國貴族，因慕甘地先生之苦行大業，翕然仰止，遂犧牲富貴榮華，及婚姻幸福，從先生而遊。先生感其忠誠，認爲義女，女士亦以事父母之道事先生，余見其隨侍先生左右，跬步不離，茶時則進茶，飯時則進飯，睡時則爲鋪展臥褥，起時則爲取水盥洗，卽在以孝爲綱常之中國，余未見子女之侍奉老父老母，有如女士之侍候先生也。女士年可四十許，服印度婦人裝，待人和善，持己刻苦，凡先生飲食起居之事，處處躬親，先生之衣服，女士爲之洗滌收藏，卽先生所用便桶痰盂之類，亦女士爲之取換洗刷，不假手於工役，此誠稀世之奇女子也。

其餘青年，似不甚體念先生之精神，罕有特殊之言行者。余聞若輩之言語，覺其淺薄疏狂，毫無意味，余觀若輩之行動，見其粗野輕佻，極無修養，此本少年之通病，原不足怪。然既曰甘地之徒，似宜與衆不同，多少應受甘地先生之感化薰陶，而有所修持也。故印度各方之人，對於先生原無間言，而對其徒衆，頗致不滿，往往引起誤會，發生反感，使不反對先生者因而反對先生，厭惡徒衆者因而輕侮先生，足見一國之大，得一偉大領袖固難，而欲得忠實信徒更難，此不特印度爲然耳。

余等與先生同車之時間凡七小時，故與其徒衆談話甚多，若輩對於中國問題，毫無所知，以爲中國之地位，亦猶印度，或且不如印度；以爲中國已受日本統治，而無法抵抗，對於中山先生及蔣委員長之名字稍有知之者，彼等皆稱（Dr. Sun Yet Sen, General Chiang Kai-Shek）而對於日本，若輩頗爲欽頌，此固由於日人之努力宣傳，抑亦人心之崇拜武力，雖甘地之徒衆而不能免。余等詳爲說明中國之情形，政治經濟之偉大，民族精神之強固，中央政府之健全，安內攘外之政策，三民主義之意義，新生活運動之提倡，及各方領袖之團結；同時又說明中日間之情形，不可憑報紙之無稽記錄；若輩恍然大悅，並願中印結爲良友，以共同奮鬬；此或當面客氣之言，然宣傳之效，影響極大，吾國對外之失策，與日本對外之得計，關於國際宣傳者，甚多且大也。

七　印象

甘地先生所提倡之『非武力抵抗運動，』實與印度環境所產生之主義，以英人之統治周密，防備精嚴，除『不合作』與『非武力抵抗』外，在目前實無他途；同時印人內部之複雜，宗教之歧異，階級之畛域，一盤散沙，互相仇視，除捐棄成見而團結人心外，在目前別無他策；故甘地先生對外則主『不合作』以制敵，對內則主『相親善』以團聚。所惜障礙尚多，意見不一，太阿之劍，早已倒持，立國之本，久經搖動，欲求民族復興之成功，爲期恐尚遙遠，非最短時日可能達到也。印度大部分之人口，素受宗教影響，及階級束縛，以屈辱容忍爲上策，甘地先生之主張，復以不用武力，不用科學爲原則，其理論自屬崇博，但統治者正能利用此點，以爲制馭指揮，而人心日趨於玄渺空洞，柔靡不振矣。

然甘地先生之偉大，則在『以身作則，與民同苦，』口有所言，身必行之，心有所念，行必驗之，犧牲個人之財產榮祿，致力民族之自由平等。他國之人，往往以革命起家，以主義致富；先生則以革命而先毀其家，以主義而先棄其富，專心壹志，任怨任勞，與貧困民衆同其艱苦，爲利慾人生求其救濟，故能獲全國人民之信仰，動舉世人類之同情，蓋『精誠所至，金石爲開，』非偶然也。先生年事已高，今年六十有六，滿頭雪白，全身消瘦，皮骨之外，血肉無多，而每日飲食有限，事務極繁，早晨四時起身，卽作祈禱，會客談話，演說開會，無時或息，夜晚十二時始能就寢，日間惟午睡片時，其勞苦忙碌之生活，雖少壯亦所不堪，每星期一爲靜默日，緘口不發一言，然寫文草札，筆不離手，不能謂爲休息；殆亦秉賦奇特，孟子所謂五百年而後一生之名世者耶！然均是人也，『食少事繁，其能久乎？』凡敬愛而同情先生者，不能不爲之杞憂焉。

西天朝佛地

一　朝佛動機

『印度就說印度好了，如何又說甚西天？』故國的朋友看了此題目，或許要如此詰責。『西天』這名詞，實近於宗教化，沒有『印度』這個名號的實際化。但是我國普通民衆，對於印度的觀念多半根據於『阿彌陀佛』所由發生的西天，對於文化的、政治的、與經濟的印度，無何印象。且在庵堂寺廟過生活的同胞，心目中常有一個『我佛如來，西天聖地』的想像。此次我朝遊佛地，完全出於幾個『誠心拜佛，萬里來朝』的朋友之請求偕行，沿路所吃的飲食是素菜，所住的地方是廟宇，所觀的景物是佛蹟，所談的話語是佛經，現在我欲描寫的又專限於佛地事實，所以用着『西天朝佛地』的標題，表示不及其他的意思。

印度的氣候，在夏季奇熱，國際大學的暑假，在五六兩月，我與譚云山教授乘此休暇，遂往喜馬拉雅山中的大吉嶺去住一下，一則因該處爲印度最涼之地，二則因該處爲西藏印度尼泊爾交界之重鎭，居民以藏人及尼泊爾人爲最多，想研究一些關於西藏及尼泊爾的政治經濟問題，至少居留一月。不料行裝甫息，忽接華僑李渭濱先生信，謂有雲南徐昭武先生來印拜佛，但人地生疏，言語隔閡，讀了譚云山氏所著的『印度周遊記』，必欲求譚君與我相伴一行。越二日徐先生竟偕其同伴楊若晴初及工人阿眞，親來大吉嶺『速駕』。佛教聖地，多在恆河流域，正炎熱最甚的處所，初聞徐氏之請，我等頗難肯定答覆，但徐氏一則曰『阿彌陀佛，』再則曰『功德無量，』拒絕似不可能，遂不得不同與一行。

我非佛教徒，對於佛經爲門外漢。不過童時讀過西遊記小說，甚麽『盤絲洞，』『女子國，』『牛毛大王，』『孫猴子過火焰山，』『靈山法會』等有趣紀錄，至今十有餘年，猶依稀出沒於腦海之中。並且此次來印，正值熱季，每當赤日炎炎，狂風乍起，石走沙飛，目不能開，而火氣熊熊，刺人骨髓，令人行坐不得，啼笑皆非，所謂『火焰山』的難關，似此並非虛構。卽不信佛，藉遊歷作小說之索引，及異地風光之觀察，亦享樂之事及應作之事也。況徐氏遠道而來，需求甚切，若悍然不顧，何同情互助之足云。我有此兩個動機，終於犧牲原定計劃，應允偕行，徐氏先去一日，略作準備，我與譚氏相繼下山，約會於加爾各答城中，共同出發，時六月十二日也。

二　佛成道處

自加爾各答起程，以先朝佛成道處爲最便，其地在伽雅城（Gaya Town）、北之菩提伽雅(Budhi Gaya)，所謂菩提者即佛之意，因佛在此成其正覺，故以其名而形容其地。吾等在伽雅站下車，即雇汽車前行（馬車亦佳）路約十英里之遙，一時而達，下榻於嘛哈菩提社所建築之『佛徒休息舍』。中有錫蘭和尚一人，中國和尚五人，見吾等至此，招待甚殷，中國和尚尤爲親熱，惟五人之中，意見相左，互相排擠，爭鬨時有所聞，以一駝背之四川和尚最爲強頑，錫蘭和尚爲余等道之甚詳，並望中國對於此等在外滋事之和尚，有以處置。竊思爭攘內鬨，爲吾人之劣性，雖至出家人而不能免，殊堪恥痛，後由譚氏發起召集和尚談話，爲之和解一切，並爲駝背和尚捐助百餘元，勸其返國，此後或可相安無事。

釋迦佛成道之處，叫做『菩提場』，一叫『布達場』，有大塔一座，坐西朝東，成四方形，高一百六十英尺，下面爲廟，上面爲塔，大層有九，小層更多，所謂『大覺塔廟』者是也。觀其形勢結構，與我國之佛塔浮圖，大不相同，形似珊瑚，層疊而上，每層之四周，充滿小小佛座及小小佛像，壁上凸凹成紋，有雕樑畫棟之態，凸處刻有佛蹟故事，精巧可辨，凹處設置小塔，其量無數，所謂廟中有廟，塔上有塔，畫中有畫，佛中有佛，其玄妙精細，幽秀神奇，令人不可思議，實印度古代藝術之精華，佛教文化之表徵，我等仔細觀察，低徊留之不能卽去。惟聞八百餘年以前，回教征服印度。對佛教頗不客氣，將此塔廟搗毀大半，後經英政府以保存古蹟的方法，鳩工修葺，完整者加意保護，殘缺者酌爲補修，如小塔缺一頂者，用水泥製上一頂，如佛像缺一足者，用麻石鑲上一足，然技術有工拙，材料有新舊，截然可辨，美觀不足。此外殘破之佛像甚多，或失其頭腦，或缺其手足，或喪其眼鼻，或破其腸腹，頗有刼後凋零之概。憶昔一千三百餘年以前，唐玄奘法師到此禮佛，有『至誠瞻仰，五體投地，悲哀懊惱，……悲淚盈目』等語，若法師有知，覩今日之殘敗情形，必痛哭流淚而長歎息，不止悲淚盈目已耳！

菩提樹（Buddhi tree 或曰布的樹）爲佛教中之聖樹，正當大塔之後面，其下有長方形石臺一座，位於樹身與塔牆之間，卽著名之神聖『金剛座』是也。蓋釋迦出家以後，苦行六年，最後於此樹下結『跏趺座』，靜思苦索，設誓不成正覺不起，旋果達空前啓後之『大開悟』，參透人物宇宙之微奧，卽悟澈『四諦』，『八正道』，『六波羅密』『十二因緣』等教理之謂也。相傳金剛座爲宇宙之中心，白日立竿於其上，不見竿影，惜我等遊觀之時，陰雲密布，赤日隱蔽，未及試證，然觀其臺石狀態，不類古物，顯爲後人設置，釋迦當日不過坐於其處而已。玄奘大師謂菩提樹『秋冬不凋，唯至如來涅槃日，其葉頓落，經宿還生如本』又據土人傳說，昔有阿育王者，篤信佛法，日夜至菩提樹下頂禮，王后怨其薄情重樹，陰使人伐倒，王見而昏痛，卽以磚累四邊，以百甖牛乳灌樹根，身臥於地，誓謂樹不再生不起，樹果根活莖生，以至於今。但現存之樹，幹莖枝葉俱不甚古，最多不過百餘年物，原樹必歷經砍伐，今日空有其名耳，且此樹印度各處皆產，並非一株，其原名爲『貝布』(Pepul)，法顯所稱『貝多樹，』玄奘所謂『貝鉢羅樹，』皆指此種喬木，所云『菩提』者，因佛而得名，非樹之本名也。

塔之左方，有高四尺許之長方石欄，上刻七朵蓮花，朵與朵之相距約一尺又半，相傳佛成道後，在樹側徘徊，曾走七步，步步生蓮。塔前有一小亭，中置巨石，石上刻有佛之『脚印』，每印長寬肥大，二倍於常人之軀，若果爲眞跡，則釋迦佛之身軀以比例測之，當『身高數丈，腰大十圍』，一般朝佛之徒，多用紙布摸拓，謂可避邪得福，大約等於張天師之符咒。塔之右方相距約二百步處，有一四方大塘，名曰『金蓮池』，即玄奘大師所謂『太華池』，至今蓮花甚衆，亭院依稀，惟水淺氣惡，『濯我纓兮未可，濯我足兮不能！』

距菩提場六百武處，有一大印度教廟，爲一個土豪而兼教主的『達牙拉咭利』(Dayal Kirl)所掌管，他是印度人，專與佛教爲難，本處地皮均爲其私產，即皐皐大覺塔廟亦歸其掌握，佛教徒在嘛哈菩提社領導之下，曾與訴訟經年，甘地太果爾皆說公話，但此人神通廣大，財貨充足，佛教徒不能取勝，即『佛徒休息舍』亦不能正式爲佛徒財產，當地政府負建築管理之名，此人始不敢滋事，故和尙輩均呼之爲『外道魔王』，然此人專與錫蘭和尙作對，中國和尙之居此者，遇與錫蘭人爭執時，常走告『魔王』，魔王則曰『放心罷！有事問我。』在『魔王』的廟中，有中文小石碑一道，字多殘蝕，稍可辨認，足見此地舊時皆爲佛蹟，且中國文化，亦傳播到來，撫今思昔，感喟係之。一和尚摹有此碑，余讀其文曰：

「大宋皇帝皇太后爲太皇帝建塔一座

大宋聖文睿武仁明孝德皇帝應元崇德仁壽慈聖皇太后，謹遣僧懷問，詣摩伽佗國，奉爲資薦太宗至仁應道神功聖德文武睿烈大明廣孝皇帝，於金剛座側建塔一座。大宋皇帝伏願高步天宮，親承佛記，聿證眞仙之位，常居釋梵之尊，誕錫威靈，永隆基業，時明道二年，歲次癸酉，正月十九日記。

丙子歲　月　日　刻。」

此間佛蹟，尙有數處：（一）普拉巴的山洞，（二）慕企璘打蛇王護佛處，（三）尼連建河洗浴處，（四）達摩蘭雅苦行六年處，（五）村女供乳糜處，（六）佛食乳糜處。余等於六月十三日遊畢大塔附近各處，翌晨乃雇象騎赴普拉巴的山洞。象高約丈六七尺，雙牙白如玉笋，伸出口外尺許，主人在牙上環以金圈，黄白交輝，甚是美觀。象背長約一丈，寬約五尺，至少可坐五人，我等對於騎象，眞是『和尙討老婆頭一回，』頗感奇趣，但行經數里之後，覺震動甚大，顚仆不適，加以赤日當頭，熱烈如坐火薪，乃相繼躍下，唯譚氏云山樂之，始終乘騎。象雖龐大，然馴如犬豕，人欲上下其背，則駕象者叱之跪，象卽俯首屈足，人可攀登膝尾而上下，然高猶在五尺左右。聞象性最喜報復，如有侮之者，輕則以鼻射臭水報之，重則以鼻捲仇人擲於半空而下之，每日飲食之量，則以其工作多少爲比例，如或主人利其苦作，而不予以相稱之食料，則象卽宣布罷工以抵抗之，關於象之故事，印度極多，亦趣聞也。

步行約兩小時後，抵普拉巴的山洞，洞在石壁之內，門小如竇，爬行而入，深約丈許，高寬可七八尺，相傳釋迦佛初到此處，意欲在內成道，可是天神警告，謂非安全之地，釋迦乃出，但洞中出一蛇神堅留，釋迦遂爲之留一身影，卽法顯所謂『到一石窟，菩薩入中，西向結跏趺坐，心念我若成道，當有神驗，石壁上卽有佛影。』我等在洞內燭光遍照，壁上彷彿有點人影，恐亦係後人留鑿，洞外有岩石屏封，若天生門牆，然修道於此，確是不凡，但山甚荒涼，無他奇特之景，且石上污濁，各種文字之墨蹟不少，大約係遊人題識。

徘徊既久，復步行尋「苦行處」時日光如火，熱風狂吹，極感苦痛，良久始抵一廟，在沙灘河濱，構結猶新，說是佛之六年苦行處。余不大置信，休息片時，復向前行，尋訪所謂「洗浴處」「供乳糜處」及「食乳糜處」等，但皆憑人指點，靡有定所，滄海桑田，久而無考，本意中之事。不過佛既在此居處六年之久，則其足跡所到之地必多，行止所在之處亦衆，即一草一木一土一石，皆稱之爲佛跡可也，如此無關宏旨之事，不必深求，亦不能深求。尼連建河至今猶在，據說當年佛每日食一麻一麥，苦行六年之久，一天入尼連建河洗浴，無力登岸，天按樹枝，始得攀援而上，後又昏臥地上，神智盡失，始知徒苦不足以成道，更不足以救世，於是復進飲食。此事頗可徵信，蓋釋迦時代之印度人，以苦行爲唯一修道之法，釋迦初亦師行其法，相信其道，迄後徹悟，始知其謬，而反其所爲，獨創一教，所謂「正覺」是也。唯尼連建河今已淤塞，沙礫滿道，寬約三四里，我等行經其上，但見金光反照，灼熱如火，舉左足則陷入右足，汗流浹背，七竅生煙，西遊記上的魔關孽障，又湧現於我之腦海，特別聯想到流沙河一段故事，同時念及玄奘法師之千辛萬苦，不覺肅然起敬，悠然神往，古人之卓越堅勇，於今不可多見矣。

三　佛初轉法輪處

我等居菩提伽雅凡二日，六月十五日即乘火車赴北納勒斯（Benares），朝佛之初轉法輪處。所謂初轉法輪者，佛成道後第一次與其徒五人說『四諦』等教義之謂也。先是釋迦在苦行時期，有弟子喬陳如等五人與俱，後因復食一事，怨憤而去，亦猶『子見南子，子路不說』之意。嗣後佛來五人所居之處，爲之說法，乃皆大歡喜，信受奉行，復皈依爲弟子如初。

佛初說法之地爲撒吶茲（Sarnath）或稱鹿苑、鹿野苑及鹿園等，皆意譯耳。）自北納勒斯下車，有火車、汽車、馬車可通，距離約五英里餘。我等僱乘馬車二輛，半途過一荒坵，坵上有廢亭如塔，云是『五徒迎佛處』。我等偶爾顧盼，仍驅車前進，一小時後抵目的地。嘛哈菩提社在此所作之建築頗多，有『居留舍』、『圖書館』、『大佛堂』等，我輩既至，錫蘭和尚接待甚恭，並爲覓室安頓。惟是日天氣最熱，華氏表在室內亦達百零五度，我輩聚居斗室，或打盤坐，或臥地上，熱如蒸籠，呼吸皆感困難，汗珠自毛孔湧出，滴滴大如牛眼，可數，而背脊、心口、及跨下，若清泉奔流，源源不絕，外面更赤日火風交加，無處可以逃隱，如此炎熱，爲生平第一經驗，百物不思，惟求冷水作駱駝飲耳。

夕陽西下，氣温稍減一二度，乃由錫蘭和尚引導參觀佛蹟，第一見大塔一座，上層已陷落，基礎健在，係磚砂泥土築成，古色斑然，惟不知其意義所在，既無佛像，又無圖刻，不可考研矣。後至一荒坪，斷碣殘磚，溝渠孔道，縱橫羅列，不可計數，卽係佛廟，由土中挖出，中有瑩潔石柱一方，頂頭折斷，近人建亭護之，云係阿梭迦王（Asoka）所樹立，當時高達數丈，佛之傳授小乘經典，卽在此處。觀其全部建築，迴廊曲苑，院室縱橫，雖已殘湮，尚可尋辨，當年之皇堂偉大，可以想見，玄奘大師謂「鹿野伽藍，臺觀連雲，長廊四合，僧長一千五百人，學小乘正量部。大院內有精舍，高百餘尺，石階磚龕，層級百數，皆隱起黄金佛像……」是則斯廟之盛，玄奘猶及見之，孰憶千餘年後，竟成廢院殘灰，荒烟蔓草，任人憑弔而已，佛說「世間無常」，信乎不誣。

是日天色已晚，我等多熱得頭痛，遂回寓所休息，夜宿於草坪樹下，繩架爲床，綠葉爲幕，宛如原始社會之穴居野處。翌日清晨，參觀「大佛堂」，建築偉大，設置完美，內供佛像一尊，前有門廊，後有大塔，高一百零八呎，日本佛教會贈有大鼓大鐘。佛堂費貲數十萬金，由各國信佛人士所捐贈，門牆樹立石碑，刻捐款人姓名於上，我國佛教會由太虛法師經手，亦捐有千元，載明其上，遠適異國之人，覩此稍有面子，錫蘭和尚亦欣然指示相告。撒吶茲地面廣大，風景清幽，嘛哈菩提社在此銳意經營，已有之成績，尙屬可觀，聞更欲與辦佛教大學一所，以爲世界佛教之中心，刻正四出募款，積極進行，就佛教聖地而論，以此處爲最有發達之希望，因其交通方便，不特行旅敏捷，物質上之供養亦較豐富也。『大佛堂』之粉飾工作，方在進行，有日本泥水畫師二人受萬元之聘，在此圖畫牆壁，所繪皆釋迦佛生平故事，及神奇靈蹟，在印人眼中，其畫絕美，然我等視之，亦吾人在中國各地所常見者。關卽參觀政府設立之博物館，規模頗大，外觀亦美，所陳古物，大都爲石佛及刻雕石器，係前述破廟中掘發而來者，阿梭迦王所建石柱之頂，置列於其中，石質瑩膩，光可鑑人，頭上爲獅首並豎，其數凡三，各當一面，目光炯炯如生，不知其象徵之意義若何，殆亦釋迦佛作『獅子吼』之謂耶？是時紅日已高數丈，熱勢必猛，乃相繼回寓，靜坐室中如昨日，有一少年四川和尙來談佛理，其年僅二十有三，曾於打箭爐步行入藏，居之二年，研究密宗，復步行入印度，朝拜佛地，觀其行止，不類迂僧，聞其言語，頗有學識，是亦和尙中之具有特色，而前途最有希望之釋門弟子也。

北納勒斯位於恆河北岸，爲印度文化歷史之中心，人口稠密，文物昌隆，其間廟宇林立，爲印度教人之聖地，每年遠道來此巡禮者，數逾百萬，且恆河聖水，沐浴於其中者，日數千人，我等既居撒吶玆二日，遂於第三日（六月十六日）遷入城中，寓於政府設置之旅舍，取其公道而清潔也。（其名爲 Dak, Bungalow 政府在各城多有設立，取價較廉，設備亦佳，所以便外國人之旅行。）我等屢馬車兩輛，馳行於街市，店鋪洋行，一如普通城市，無足奇者，既至恆河岸上，便下車步行，觸目皆是高樓大厦，爲印度小王國之行宮，又廟宇衆多，形勢奇特，我等偶過一廟，便就近觀之，（不可着鞋直入，印人認爲大不敬，）則見爲『生殖器』之崇拜處，廟之中央，設一大圓石柱，象徵男生殖器，立於橢圓形之石臼中心，象徵女生殖器，廟壁四周，皆塑神像，門口置一牛形石像，跪對男女生殖器之前，燒香拜神者，人山人海，皆以香花數朶，清水一勺，灑於男生殖器之石柱尖頭，合掌致敬而去，後我等經過他處，見此類之模型極多，香火甚盛。吾人讀古代歷史，嘗聞有所謂生殖器之崇拜教者，往往疑信參半，不料今日目擊其神廟，少見多怪，自不待言。時有一孟買人爲我等向導，操英語尙流利，余因以問之，彼謂『人心不同，信仰自異，崇拜菩薩，崇拜上帝，崇拜祖先，同一不可解說之感情衝動也，生殖器之崇拜，亦猶是耳，有何足怪！人類之製造，雖祕不可測，然必出於兩性，成於母體，此可斷言，崇而拜之，亦愼始追遠之意焉……』余又問牛像作何解釋，則稱『此非牛像，乃一戰神之象徵，取其孔武有力，生男育女，不須絕大之生命力乎？』余不欲與辯，但笑頷之，其然豈其然耶？同行之徐先生，老成奉佛，謂此爲『野蠻之至』。但聞佛門亦有『歡喜緣』，不諱男女生殖之事，西藏某寺且有神祕之塑像，不知又是何說，或亦『目中有妓，心中無妓』之謂歟：

河岸隨處有草棚，爲男女沐浴之便，我等見其汚濁，乃雇舟放乎中流，藉以遠瞰城之全景，唯行至右岸一處，柴木成堆，煙火彌漫，微有腥氣惡臭，睜眼視之，則見屍體隱約，橫陳於乾柴烈火之中，知其爲火葬處所，聞每日在此火化之死屍，平均五六人，有火頭軍恃爲專業，屍灰悉棄於恆河中流，謂『聖水通天，轉入極樂世界。』我等心中皆覺不安，急催舟子鼓棹去之，止於河之南岸，徐先生謂是日正爲我國舊曆之『端陽節』，不可不入水洗澡，滌盡塵垢煩惱，以新耳目，遂脫去衣褲，相繼躍入『聖水』，余不善游泳，不敢直趨中流，躁熱之餘，得此冷水浸身，確是爽快，歷半小時而畢事，上岸略覽各處廟宇，皆非佛教處所，不能隨意入內，旋雇馬車歸寓，準備於晚間乘車他適。

四　佛涅槃處

估尸吶咖（Kushinaga）爲佛涅槃之處，係一村落小地，由北納勒斯乘車須先至太席爾得哦利亞（Tashil Deoria），由此下火車乘公共汽車，行約二十英里卽達。我等於六月十七晚乘夜車直至太席爾得哦利亞，在車中睡覺，清晨六時下車，卽搭汽車而至其地，憩於緬甸和尙所居之廟中。廟後偏東三百武許，卽爲釋迦佛涅槃之所，其地亦荒涼殘破，有古廟痕蹟，聞亦土中掘出，規模隱約可辨。佛涅槃像處在一土坵，高出平地約四五丈，有棺材式之廟屋藏之，高約二丈，寬約丈許，長約二丈，儼然殯宮模樣。佛像金身白面，悠然自得，北首側臥，曲右肱而枕之，態度甚爲安詳，若毫無疾苦者然。惟四壁皆似新構，佛像亦類新裝，全無古老蒼翠神祕之氣，不足發人深省。但徐先生見之，卽頂禮膜拜，面目愁瘁，若歎『佛世之難逢，往事之不再』者然，其篤信奉之誠，令人同情。

涅槃像後有一塔，形如圓錐，高可五丈，色作金黃，係緬甸人新建以報佛恩而誌紀念者，刻有碑文於塔基，觀其姓名譯音，酷似華人名號，或亦僑胞之久居緬甸而同化於其國者，亦未可知。坵下樹木成林，猿猴跳躍於枝葉間，見有人來，則吱吱咕咕，如助善男信女之唏噓歎息。經典上說，佛入『娑羅雙樹間』而涅槃。又玄奘大師西域記上說，『至娑羅林，有樹似槲而皮青葉白，甚光潤，四雙齊高，卽如來涅槃處也。』我等四處尋覓，不但無所謂『娑羅林』，而『娑羅樹』影亦不可見，（按樹之原名爲 Sal Tree，應作沙拉樹，）距涅槃處數百武，有小廟一所，中供大佛像，相傳爲佛最後受供地，當時有一鐵匠名陳打者（Chunda），奉佛以食物，佛食之病，遂以涅槃，蓋佛自成道以來，說法四十五年，『所應度者，皆已度訖，』遂散手歸眞，享年已八十矣。

佛涅槃處東面，相距約一英里處，有一高大土堆，狀如小坵，據說爲『八王分舍利處，』我等前往觀之，則知爲殘廢古塔基礎，上有大榕樹一株，幹大約五圍，高約十丈，枝繁葉茂，皮節結捲，有空隙多處，顯係千百年古物。有中國和尙一人，道號善修，普陀山寺僧，來印已七八年，據此榕樹爲廟，令人驚敬。善修在樹下結一斗室，木柵爲牆，茅草爲蓋，黃土爲地，木頭爲椅，皆出本人手製。更將榕樹利用，加以建構：在樹下圍一小籬，若門戶然，出入可以封鎖；在樹身結節處作一蒲團，可以打坐；在樹隙中闢一暖室，可避風雨；在兩枝分幹處作一座位，可以休憩；最後在樹之尖端，牽枝爲席，架木爲板，覆葉爲幕，爲虔禱默息之佳處；全部結構，儼如五室，有條不紊。見余等遠來，即由樹之最高處爬下，甚表歡迎，觀其狀貌，約三十許人，黑髮長毛，短小精悍，聲音嘹亮，四肢粗碩，腰圍紗布二三尺，無所謂衣褲，身上疤痕累累，由於燒肉點燈供佛而成，自言居此已四五年，初來坐立樹下，櫛風沐雨者凡六月，後始結屋，繼乃上樹，終年不睡，晝夜打坐，每日或食一餐，或數日不思一食，土人供養甚謹，惟緬甸廟中和尙，常相欺陵，時向當地警察誣告，強其遠去云云。蓋善修之生活行動，十分神祕，土人認爲神明，時來膜拜，問卜求醫者，常自附近數十里而來，緬甸和尙羡而妬之，時與爲難。而此地之華人，絕無僅有，領事官又不能盡保護之責，弱國之民，到處吃苦，余不獨爲此僧歎息也！

同行楊君欲爲善修照相，請其登樹打坐，以便攝取各種姿勢。彼即緣木而上，攀枝而登，矯如龍，捷如猿，云山好奇尾而觀其樹室，最後彼坐於樹巔，自遠望之，彷如飛昇半空，非佛即仙，無怪土人神之，我等亦爲咋舌。憶昔白樂天先生有訪『鳥巢禪師』故事，所謂鳥巢禪師者，想亦結廬在樹之苦行僧人。相傳白先生問禪師『怕危險否？』答稱『我』之危險甚小，有形之空間耳；『你』之危險甚大，聲色貨利，無形之陷阱也。先生又請其贈說眞言，則曰，『諸惡莫作，衆善奉行，』先生笑爲三歲小孩所道之語，禪師則稱『三歲小孩雖能說，八十老翁不能行。』足見儒佛一體，其行雖怪，其理甚顯，『偉大卽在平凡，平凡卽見偉大，』所謂衆生皆可成佛也。

攝影既畢，善修復下樹與我等談話，並分贈藥丸數粒，云係喇嘛恩賜之物，可以卻病延年，我等笑受之，復問『印度毒蛇甚多，僧既野處巢居，有所遇見否？』答稱『龍確是多，尤其在風雨之時，來去蜿蜒，小者如杯，大者如碗，或徘徊樹下，或盤結樹上，樹穴中且有巨蟒居之，與余二分天下有其一。不過我已發誓不打蛇，蛇亦不害我。當其來時，我堅坐不動，但誠心禱訴：「龍呵，龍呵，我是出世之人，與世無爭，你修你的道，我修我的道，快些去罷，」他們若省人事，伸頭轉身，吐舌作唏唏之聲而去。』我等聞之，毛骨悚然，觀樹之古老，及其四周茅草叢生，荊棘滿地，穴罅比比皆是，正藏蛇隱毒之所，和尚所言，必非虛語，然則『至誠可以動天地，泣鬼神』之說，及『萬物並育而不相害』之道，豈不可信耶？

我等心情，大受此僧震動，並非慕其成佛成仙，但覺其意志堅強，信仰肯定，生死可置之度外，以此作事，何事不成；以此革命，何功不就。且自食其力，自建其廟，自行其事。無憂無慮，無罣無礙，雙手造成一小我世界，別有風味，余無以名之名之曰『陸上魯濱孫，』舉世滔滔，不知所終，若善修和尙者，『吾知免矣』

五　佛本生處

佛誕生之處，在路比連(Lumbini)，地屬尼泊爾境，因此有人謂釋迦佛非印度人，而爲尼泊爾人，此爲歷史問題，姑且不談。我等因佛涅槃處聖蹟不多，且緬甸廟內不大淸潔，蚊蠅滿室滿院，不敢居留，卽於當日（六月十八）午後二時出發赴路比連。自估尸吶伽至路比連，路程不甚遙遠，但頗費周折，須先乘汽車約五十英里，至古拉喀坡火車站（Gorakpur），由此乘車，有兩處均可達路比連境：一則搭至呶坦哇車站（Nautanwa），再騎馬或坐牛車或步行可至路比連，其程爲十英里；一則搭至呶夾車站（Nowgar），再騎馬或步行亦可至路比連，其程爲十八英里。

我等先乘汽車至古拉喀坡車站，再行通車直達呶坦哇，取其距離路比連之路程較近也。是晚至站在午夜，卽宿於候車室，雷雨交作，平地水深數尺，翌晨訪候站長，欲其指示行程。站長印人，極爲和藹，云山與之有舊，據稱途中有河五道，平時乾涸，可以騎渡，但昨夜大雨，恐水滿不能飛渡。我等以既至其處，非行不可，乃決意冒險一試，站長爲之代雇馬七匹，坐人載物，列隊而行。

此處之馬，鈍如驢，小如狗，疲癃殘疾之狀，不忍以言語形容，既無轡頭，又無鞍韉，背上鋪破敗棉絮一張，覆麻布一塊，以爲坐墊，馬嘴上鎖一繩索，以爲韁牽，另有草繩一根，横吊於馬背，兩端各結圈套，以爲脚踏。余生平無騎馬經驗，只在大吉嶺試過一次，作『虎邱』之遊，今得騎馬遠行，亦屬樂事。遂跨上一駒，鞭策前進，初過市廛，繼走大道，復經阡陌，道路多泥濘狹小，馬行比人行更緩，所幸是日浮雲蔽日，涼風拂面，喜馬拉雅山，遙遙在望，農人耕於水田，牛羊牧於草地，昔人以『湖上騎驢』爲韻事，今我『陌上騎狗』，亦爲不弱，是旅程中之趣事也。

行約一英里，卽遇一河，策馬而過，水深僅及馬腹，復前行半英里許，又有一河，水流頗急，面積甚狹，亦騎渡而過，安全無恙，衆皆欣悅，以爲『我佛有靈』，必可抵達誕生聖地，一面閒談，一面玩景，不知身在曠野。行約四英里之後，復遇一河，泥沙奔放，黃水飛流，面積亦較爲寬廣，對岸水濱有人捕魚，水已淹沒其肩，足證水之深度頗大，遂止立河岸，莫知所措，復沿上下幾處觀察，似皆無渡越可能。時値正午，村人聚而觀者漸多，我等不識土話，彼等不解英語，雖欲有問，無法交通，祇得以手作勢，指點流水，彼輩皆揮手搖頭，似表難渡之意。我等觀水之勢，様顯係山洪爆發而來，絕不能持久，因此樹枝插入水中，驗其是否漲落，如或低落，則等候二三小時，可以騎渡，結果則知其方在急漲，而陰霾四布，猶有雨意，衆始決定退回另作良圖，徐先生口念『阿彌陀佛』不絕，但終於『呼不應天靈佛靈止不住流沙洪水』，祇得回轉馬頭，循故道而返車站。

抵站未久，有火車開行，卽乘之而至法倫打車站（Pharenda），由此候車七小時，再於夜間搭至㘓夾車站，希望明日能由此行十八英里而達路比連車站。車站辦事人員，尙皆和善，翌日淸晨（六月二十日）相繼來候車室訊詢我等行程，我等告以朝佛之意，是時天又大雨，彼等謂天氣變化莫測，路上是否能通，殊無把握，如欲冒險一試，可由車站坐牛車，約三英里後抵達一鎭，再換馬行十五英里便是，但須白日趕至目的地，不可夜行，因該處爲印度尼泊爾之交界處，所不肖之徒，利用兩不管的方便，常有攔路刼搶之事。我等以車馬之不大便利，行程之未能肯定，加以昨日所受之教訓，頗有觀望之意，最後云山先生爲我等言曰：

「佛誕生之地，原爲一園林，只是神聖之園，現已變爲雜木堆集，荆棘叢生的荒地，內中僅有一小廟，廟內尚有嘛雅夫人手攀樹枝誕生釋迦牟尼佛像，惟廟與像皆幾經破毁，修整得存。廟後有阿梭迦王所立之石柱，從土中掘出，僅存一節石柱。近處有一涸池，傳爲釋迦生後洗浴處，即故事中所謂「龍池。」附近又有小屋一所，空無人居，聞係緬甸人建之佛廟。近年嘛哈菩提社在此建一新廟，以便朝佛者之居止，比前較爲方便。我們能去固佳，不去亦無妨，佛蹟聖地，自以成道處，說法處爲最關重要云。」

六　佛長住說法處

我等聆云山之言，遂決定割愛，於是日正午乘車至拜蘭坡（Balrampur），棲息於緬甸人修建之廟中，再往釋迦佛長住說法之史拉找斯地（Sravasti），緬甸廟爲本處唯一之佛徒留止處，結構尚屬新式，有小圖書館一所，佛堂一室，宿舍數間，和尚四人居之，見我等到來，掃榻相迎，時將向晚，即各展床褥安息。史拉找斯地相距尚十英里之遙，有汽車馬車可達，六月二十一日清晨，我等乘前晚預定之汽車而往，經過市街，見有輝煌燦爛之建築數處，並有印兵把守門戶，詢知爲一小國王之宮殿，蓋印度雖爲英領，然小國王之存餘名號擁有土地虛榮者尙多，聞小者據有一城一邑，大者亦地方千里，南面而王，其小朝廷，悠然自得，與英政府之關係名爲協約，實爲臣僕，此乃英人統治印度之良策，當另文論之。

我等既出市肆，沿大道而行，惟道築於泥土塵沙堆積，車轍溝深，汽車行駛最難，有時須開足馬力，飛越水渦，有時須繞下路基，沿田野而行，抹角轉灣，穿來穿去，車中人坐伏不安，如乘破舟而遇洪濤，故距離雖只十英里，費時在三小時左右。既至其地，有小緬甸廟在焉，下車稍憩，尙須步行一二里，始達史拉伐斯地，法顯所謂『拘薩羅舍衛城』，玄奘所謂『室伐羅悉底』，皆譯音之差異，實卽指此一處，相傳釋迦當年住於『給孤獨園』說法二十五年之久，如金剛經，阿彌陀經，均在此處說成。據典籍所記，『一時佛在舍衛國，祇樹給孤獨園，與大比丘衆千二百五十人俱。爾時世尊食時著衣持鉢，入舍衛大城乞食，於其城中，次第乞已，還至本處。』但現在觀之，所謂城者園者，皆已如『黃鶴一去不復返，白雲千載空悠悠』，唯有土堆三兩處，喬木百千株，荒煙蔓草，牛羊踐踏，令人感覺『風景不殊，舉目有山河之異！」

我等在此低徊留之約二小時，卽乘原車而歸，當晚仍宿廟中，此時計數佛教六大聖蹟，已遊其五，唯餘「靈山」一處矣。翌晨六時餘，由拜蘭坡車站乘火車至光達車站（Gonda）由此換車往拉喀諾城。拉喀諾（Lucknow），原無佛蹟可尋，惟其城爲印度有名之鎭，回教文化以此爲最盛，回教徒之故宮寺廟，爲數甚多，且負歷史上之大名，我等下車後至一佛廟居住，是廟爲錫蘭及緬甸與他方佛教徒集資所建，巧小精潔，專供朝佛者經歷此城以爲休息之用。我等到時爲正午，旋云山出訪其舊友海維諒君，海爲回教青年，湖南邵陽人，來印已七年，在德里「回教大學」肄業，能通英語，回文印度語，不久將赴埃及回教大學留學，以資深造，是誠篤學苦行，吾族最寶貴之青年也。

晚間余臥斗室，忽來一不速之客，赤膊露腿，長身白髮，目眶深陷，顴高鼻突，齒牙搖落，蓋一栖栖老翁也。彼先用英語問余曰，「君爲中國人呀，抑日本人呀？」余起而答之「中國人，君有何見教？」老人卽滔滔言曰：

「余聞中國遠在東方，君等竟能遠道來印朝佛，眞是難得，眞是誠心。余生於印度教之家庭，但余篤信佛道，崇拜佛陀五十餘年未稍懈一刻，凡梵文巴利文中之佛經，余都已閱讀且有誦之甚熟者。』余插嘴道敬仰之詞，且問其年『則曰余年已七十有二，但余猶健步能負重三四十磅行五英里，余有三子長者服務於郵局，次子充律師，三子就讀於大學，而余願自食其力，自作其工。余之子輩皆以爲恥，實則人生分耳，何恥之有？余每日須至城中圖書館閱讀六小時，早晚須來是廟拜佛各一次，誦經各一篇。』余又問其生活狀況，及印人之城市與鄉村情形。老人則搖頭歎息，『唉，余老死且至，尙復何言，唯亡國之民，痛不可堪，城市無論矣，鄉間之人，每日大都祇有一餐之飽，終日苦作，工資所得不過三四枚銅元，牛馬不如耳……甘地先生運動復興，余深敬之信之，但不藉武力，不知有可能否？彼輩以三島之小，人數甚寡，竟能征服大地，跡遍全球，欺侮且及於中國，是有天意耳！但天心必有轉變之一日，阿彌陀佛！阿彌陀佛！……』余聞而驚敬，答以『我輩協力猛幹，天心必轉，』並加溫語撫慰之，敬以淸茶，此本不合印度敎人之習慣，（他們持戒，不食別人之物，）但老人謂爲『難得的因緣，與應當的友好，余必飮此一杯，』時已昏黑，旋乃起別，遲遲而去。

余聞拉喀諾原爲一印度國王之故都，宮室輪奐，財貨充盈，英人當日攻取是城，頗費氣力，及既得之，盡有其金銀珠玉，價値不貲，喜慶之餘，命城以今名，蓋就意義言，『拉咯』爲英文之Luck，作『運氣』解。『諾』爲英文之 Now，作『現在』解，合而成爲『拉咯諾』一字（lucknow），卽『現在運氣到了』之意。如是我聞，不問其事之徵實與否，頗有意義，重以老人之言，益見亡國之痛，弱小民族之命運，本有脣亡齒寒之鑒，哀人亦以自哀，不寒而慄。

七　佛說大乘法處

我等在城中稍作參觀後，卽由『拉咯諾』車站乘車至巴特拿站（Patna），由此轉車至霸克梯亞坡（Bukhtiapur）再換小火車至喇甲古里（Rajgari），此靈山下之最後一站也。我等下車，往靈山麓之緬甸廟，此廟建築甚佳，佛堂頗有規模，住室亦甚盤潔，守廟工人旣淸掃塵埃，我等卽各居一室，伸足舒身，尸臥一快。

靈山卽靈鷲山之簡稱，爲佛家最神聖之山，在我國無人不知，和尙尼姑，固有天堂佛地之神祕觀念，普通民衆，亦有如來觀音之崇拜心腸。西遊記上所描寫之『靈山佛祖說法』，更令人神往，『孫猴子一個筋斗打上十萬八千里，但不能越過如來佛祖的團團手掌，」佛法無邊，靈山盛會，漪歟休哉！但余舉目遠矚，則今日之靈山，祇有荒山一脈，岩石成堆，草木不生，高不過三四百呎，長約二十餘里，蜿蜒橫亙於曠野，屼突如牛山鑿殘敗不堪。山下爲古王舍城遺址，祇有斷壁殘磚，堙沒黃土，既無宮室，亦無人煙，山谷中更有一城，亦祇餘形跡而已。法顯佛國記中有「新城」與「舊城」之記載，大約「舊城」即指谷中之城，「新城」乃指山下之城，及玄奘來印取經時，新城已是「外郭已壞，內城猶峻，周圍二十餘里，」舊城則祇「有小城基，周圍三十里，」現今又閱千數百年，新舊兩城皆杳，「人事有代謝，往來成古今，」不其然乎！

山分五峯，即「東峯」「西峯」「南峯」「北峯」及「中峯」，似亦勉強附會之稱，所云「鷲峯」或「鷲臺」者，即東峯之別名，我國人之所謂「靈鷲山」，實指「鷲峯」而言，但今已用之全稱「靈山」舉一以概其餘，在論理學上亦無不合，而在英人及其他歐美人口中則稱喇甲古里山（Rajguri Hills）便失其神祕意味矣。山上佛蹟自多，但殘碑斷石，憑人指認，所謂「佛說法堂」「竹園精舍」「舍利佛目連初見頌鞞處」「尼犍子作大坑毒飯請佛處」「阿闍世王酒飲黑象欲害佛處』以及佛坐禪處，諸羅漢坐禪處等，均難確定其處所，不過形跡彷彿，似是似非而已，山上稍有廟亭石碑，但皆印度耆那教（Jainism）之物，與佛無關，大約佛教既衰於是邦，他教盛行，佛之勝地遂爲他教所佔，雀巢鳩居，亦意中事耳。聞佛在世時，住此山說法頗久，大般若、法華楞嚴無量義等大乘經典均說於此處，撫今思昔，唯有『慨然悲傷』如法顯大師之所感喟焉。

山中溫泉頗多，最佳者在山口近處，有一印度教廟建於其上，溫泉之水，由幾口湧出，建廟者因勢順導，或引爲池，或導入室，或圍爲塘，或懸如瀑，土人來此沐浴者，朝暮甚衆。我等各攜衣褲手巾浴於是處，水甚香冽，無硫礦氣，且味略甜，可以吸飲，我等試之，津津有味，乃灌滿數壺，以備後來之飲，惟所謂池塘頗不清潔，院中多蚊蚋，石上滿青苔，令人不欲久留，我等當此炎天暑熱，旅行已十有餘日，滿身汗臭垢穢叢集，日夜怪癢難堪，得此溫水一浴，爽快舒適，心曠神怡，雖失望於靈山，然得意於泉水，亦桑榆之效也。

離靈山不遠，有地名南龍達者（Nalanda），爲玄奘大師在印學法之處，大師留此十五年，從戒賢法師學佛典，精研梵文，窮究經籍，可謂勞矣久矣。相傳當時『印度伽藍，數乃千萬，壯麗崇高，此爲其極。僧徒主客，常有萬人，并學大乘，兼十八部，爰至俗典吠陀等書、因明、聲明、醫方、術數，亦諸研集。凡解經論二十部者一千餘人，三十部者五百餘人，五十部者并法師十人。唯戒賢法師一切窮覽，德秀年耆，爲衆宗匠。』其盛況可以想見。惟現在亦成荒址，其寺不知埋沒於何代，新近始由土中挖出，政府有復修之意，並在近設一博物館，以收藏發掘之古物。在霸克梯亞坡車站月臺之一隅，樹立一大標語，其詞曰：『請在此下車，前往參觀古佛教大學』。在南龍達小火車站，亦有同樣之標語，以省遊人耳目，其保存古蹟，留意文化之心，有足多者。

我等自緬甸廟中至此，祇須自喇甲古里小站乘車至南龍達小站，再行二三里，即達玄奘大師求學之地。但徐先生足疾甚劇，出必坐轎，我亦觸感溼熱，腳趾腫潰，不良於行，且佛蹟已窺其略，頗有倦意，若同徐先生坐轎而往，則土人之轎，係一長約四尺寬約二尺之木架，中間結以麻繩，兩端各有三角形之尺許木架，一木棍穿過兩角頂點，前後二人扛之，恰如我國鄉人之抬豬羊，聞此爲印度千餘年來之祖傳國粹，土人奉爲圭臬，其智慧之高明，不問可知。徐先生決意不去，在我爲『正合孤意』，遂於六月二十五日買通票直赴加爾各答城，半月來之佛地朝遊，於是相當『功德圓滿』矣。

八　記後

佛教產於印度，遠方之人，以爲印度必爲佛教之國，到處有廟宇佛塔，實則佛教在印度已銷聲匿蹟，譬如女兒嫁出則生男育女，造成巨大之家族，而老外婆則已骨化形消，不知所之。我輩在印遊歷不見一印度之和尙尼姑，不見一印度造之佛像廟宇。唯有錫蘭人主辦之嘛哈菩提社及緬甸人之忠實佛徒，在印所作佛教工作甚多，佛地新修之廟宇，新興之事業，及修持之僧人，除少數中國和尙外，皆爲二邦之人。我國自稱佛法最盛之國，且以大乘法自詡，而薄錫蘭緬甸爲小乘，何以對於佛教祖國之聖地，竟漠然無所樹建耶？竊以爲我國之佛徒，甚而至於政府，應在印度有所表現，不僅可增我民族之偉大與光榮，亦且以交通我兩國之文化，中印舊爲友好之國家，文物政教，有相似者，在弱肉強食之今日，凡我弱小民族，尤須奉行總理遺教，協力合作，共同奮鬪，不可以疏遠而忽之。

有識之士，近來對於印度頗爲注意，此爲佳象，惟欲眞切了解印度，必須研究印度，遊歷印度。鐵路交通，在印最便，天氣雖熱，然自十月至二月之間，極爲溫和，如我國之春盡夏初然。惟習慣不同，飮食方法大異，我國人旅行之吃飯問題，有兩法可以解決：一則到大城大站，住歐人旅館，但所費甚大；一則自帶飪具，到處自煑，或帶人自煑，我等此次周遊，徐先生帶有工人煑飯作菜，甚覺方便。如係初來之人，必購閱『鐵路火車時刻表』一書，及譚氏云山『印度周遊記』，較爲便當。徐楊二先生及其工友，沿途待余等甚厚，私衷感荷，彙誌謝忱。

印度之華僑

一　界說

吾國古稱印度爲「五印，」此當指印度半島之東西南北中五部而言。今日在英人統治下之印度，其政治分域，有所謂英屬印度及印度小王國之分；在英屬印度之最高行政機關，爲印度政府，其下分設省區，而緬甸亦劃爲省區之一，歸印度政府之直接指揮。又常人以爲錫蘭島接近印度半島，亦視爲印度之一部，實則錫蘭島爲「皇家殖民地」(Crown Colony) 由大英政府直接管轄，設有總督，另有政府，如香港之地位一般，與印度政府之統治，風馬牛不相及，且自印度欲渡海峽而至錫蘭者，檢查甚嚴，形同異國，外人之護照限於旅印者，如欲至錫蘭，必另辦簽字手續。

故本文之所謂印度，係限於印度半島範圍以內，錫蘭固不相關，緬甸亦且除外。吾國胞僑之在緬甸者，以仰光爲大本營，其人數近二十萬，其商業具大規模，國人常以「南洋華僑」數字概括之，論之者詳矣。惟印度半島之華僑，似不能統稱於「南洋」二字之內，因在地勢環境上，實已別成局面，且數百年來，吾國與印度之隔閡殊甚，對於印度華僑之觀念明晰者，恐亦如鳳毛麟角之不可多見。

華僑來印，始於何時，殊不可考，昔時如法顯、玄奘、義淨等高僧大德，遠適印度求經而歸，此可謂爲留學之士，不能視爲近代意義下之華僑。大抵吾國濱海諸省之人，一部向越南、交趾、暹羅、緬甸等處經商移殖，逐漸達於印度半島；其所取途徑，昔日必由於陸行者多，由於水程者少。余在喜馬拉雅山中之大吉嶺，曾遇一旅印已四十餘年之耆老工人，自言初來即爲步行，歷經歲月而達，同於此君之情形者，必非少數，而先於此君之冒險者，必繁有徒；前榮後繼，連續而來，經長時之演進，而始有今日，此可斷言。就歷史事實而觀，華僑始來印度之時，或當在元明之間，因蒙古人既入主中國，克服西藏，征取印度，其時政教之關係既密，則商賈之交易必繁，我國北方之人，或由中亞而入印，川滇之人，或由西藏而入印，南方之人，或由越南暹緬而入印，此意中事耳。

更有進者，印度之華僑，不僅爲來自我國本部各省之人民，尤多來自西藏之人民；西藏爲我國之領土，藏人爲我國之國民，則西藏人之僑寓於外國者，卽爲華僑。余在印度，常聞英人及印度人言及『中國人』『西藏人』，兩名並用，儼若兩國者然，余必加以糾正而告其失實。但吾國人之自談印度華僑者，似亦專指本部各省之人，卽吾人黨部在印之組織工作，絕少顧及藏人胞僑者，中央亦不聞有所命令（藏人占印度華僑之大多數），殊不可解。尤可怪異者，我政府派員至尼帕爾致聘，稱爲『專使』（余在印度，曾見張銘奉命至尼帕爾贈送徽號勛章之相片，張氏署銜專使，寫上英文Envoy等字）在尼帕爾今爲異國，『專使』之銜，自屬隆重莊嚴。但政府派員至西藏致祭達賴喇嘛，亦稱『專使』，並且大張旗鼓，儀如使節，在拉薩亦設『專使行署』。竊以爲西藏非尼帕爾或其他異國可比，我政府派人前往，最多稱『專員』或『代表』等崇貴名銜，但『專使』云云，無論在我國古史經典上，或許氏說文上之意義若何，在現行國際慣例中，不過外交人員之高級頭銜；吾人常聞國與國間之派員稱『專使』，不聞國內各部之派員稱『專使』。『專使』卽或當事者別有高見，然對尼帕爾之派員曰『專使』，對西藏之派員亦曰『專使』，不知有何解釋，豈視西藏等於尼帕爾耶？

國人往往不肯深思熟慮，喜用虛榮博大之頭銜，無怪英人謂西藏非我屬地也！

二　華僑之地位

華僑在印之人數，無從確知。領事館亦無統計，昔年曾有舉行人數登記之議，但因領館索取相片及登記費等，貧苦僑民羣起反對，無結果而散。大抵吾國胞僑在外之行動，多爲個體化，而非團體化，爲地方觀念化，而非國家觀念化，單槍匹馬，各自爲謀，忍人之所不能忍，爲人之所不能爲，故雖壓迫重重，終能衝破安居，自創局面，所謂領事館外交官等，止於外交排場之工具，告朔餼羊之機關，對於僑民之利益與發達，能用心維護，與竭力籌謀者，寥若晨星，不獨印度一隅而已。據說數年以前，尤其在大戰時代，印度工商業繁榮發達，經濟充裕，華僑在此營業作工者，不論在何方面，均獲利甚厚，其人數亦衆，除藏人不計外，來自閩粵山東各省者，約一萬左右。但世界不景氣之狂潮忽起，印度受其影響最大，百業凋敝，金融枯竭，華僑之執業者，遂一落千丈，或停業收盤，或失業無依，乃相率回國，現在人數，聞總計不過四千上下，此單就來自本部各省者而言也。

國家多故，喪亂迭乘，吾國人之僑寓異國者，無處不受人凌辱，爲人賤視；在歐美諸強國固無論矣，卽在南非印度及南洋一帶被壓民族之間者亦受盡輕蔑蹂躪；其中原因甚雜，尸其咎者，一部在我政府，一部在華僑本身，一部在異地民族；他處姑且不談，暫舉印度以爲一例。華僑初至印度各地，印人對之甚有敬禮（余君敬德親爲余言）每在街上遇見，都舉手致敬，口稱『色郎』（印人行禮之詞，）蓋彼等以爲中華上國，獨立自主，非如印度之亡國者可同位而語也。但嗣後人數益多，良莠不齊，尤其在加爾各答一城，不肖者作奸犯科，吸食鴉片，盜竊佔搶，往往捉去官廳，置於牢獄，或罰重款；印人見之，觀念大變，以爲所謂上國民族者，不過如此；加以英人之故意藐視他人之惡意宣傳，於是華僑之地位，在印人心中，遠低於其本身地位矣。印人雖貧苦萬狀，絕無流爲盜賊者，故見華人爲賊，大爲奇異，輕惡之心，從而加劇。無識之印人，皆有『華人爲賊』之潛意識，每有問題發生，開口卽罵華人爲『支那丘丘』（孟加拉土語稱賊爲『丘丘』，）是果誰之過歟？

余敬德君爲一青年工程師，服務於『全印水門汀公司』，職位頗高，薪俸優厚，爲華僑中不可多得之人才；曾至一處視察工程，有一印人小孩見而呼曰『支那丘丘，支那丘丘……，』余君大怒，執孩而告其父並稱『若不嚴加訓斥，下次余將踢之以腳；』乃其父猶嘵嘵不休，余君卽揮以老拳，餉以耳光，結果互扭至於警局，余君說明本人職位，及其打教孩父之理由，警官乃申斥其人無事而散，此爲普通印人輕視華人之一實證。

余嘗與譚云山先生訪候甘地於巴特拿，旣而乘甘地預定之三等客車同行，中途甘地及其黨徒下車別去，余與譚先生繼續進向加爾各答。沿途各站皆有路警上車盤問並要求檢驗行李，余等問其理由則云『查驗鴉片，』復問其『何以不查頭二等乘客，何以不查他人，』則稱『華人常乘三等，常販鴉片，』余乃大怒斥之，謂『你如欲查驗者，須於上車或下車處行之，何得半途擾人，違法若此……，』渠等見余輩能說英語，恐能告訴於『其上大人，』亦卽悻悻而去。對人發怒，本無意識，若輩如以個人問題而加侮辱，余當憐其低劣而絕不校計，但藉爲華人之故而凌辱我國族，實不能忍，此非余之狹小，亦良心有所未安耳，此爲普通印人輕視華人之又一實例。

余非謂印人個個賤視華人，亦有崇拜中國文化，同情中國境遇，渴望中國富強，而領導世界和平者，如太果爾先生等，卽爲一例。不過此類眼光遠大，學識宏深之鴻儒碩彥，明確瞭解中國者，爲數不多，就全體一般而言，現時印人對於中國之觀念不佳，對於華僑之印象甚惡，卽賢如甘地先生，似亦全不明瞭。然吾人絕不能以此而歸咎於印人，平心而論，咎多在於吾人之本身，一則因國內政治之不爭氣，二則因華僑行爲之失檢點，三則因宣傳工作之未注意。吾人之美德，吾國之優點，欲求他人之明瞭而尊崇也，必以行爲表現，或以文字宣傳；在印度方面，自來無所謂宣傳，無所謂表現，安能望人之待以善意耶？譬如藏本失踪一事，印度各報皆大字登載，而英人主辦之『政客報』且著論譏評中國，越數日又登出消息，謂日領係神經錯亂，逃荒自殺，但字句隱約輕微，遠不如前次消息之帶有宣傳彩色。足見他人對於害我之事，則張大其詞，對於利我之事，則含糊其說，負有外交職責者，遇有此等重大國交問題時，應乘機在所在國發表意見，以明是非，而正視聽，庶他國之人不至誤會我國，而同情敵寇。乃是時我國在印度之外交人員，噤若寒蟬，所見其發表談話，亦不見其作文申明。更不見其向報館之譏評我國者，致函抗辯，吾人不知所謂外交使領者，究爲何用，所謂代表國家政府者，究爲何事，若僅在簽發護照，傳遞公文，則任何愚夫愚婦，租幾間房屋，領幾萬公款，皆優爲之，又何必多事而掛官署招牌耶？

我國之物質文明，比較落後，不能與人爭持長短，但固有之文藝哲學倫理道德及文化思想，實精神生活之最優原素，爲世界任何國家所不及，我國在外之人，尤其是代表政府之外交人員，應盡力表現吾人之所長，而與他人以良好印象。除普通酬應交際外，與當地之文化團體，或學術機關，應有相當認識，或發生相當關係，於是遇有外交問題，令他人不至盲從亂信，至少可得一部知識分子之同情。吾國在他國之使領人員，工作如何，余不得知，但在印度方面之領事也者，與當地之報紙及一切學術團體，絕不相關；反之日領方面，常發布消息於報紙，作文於雜誌，以宣揚其本國之優長，印人自有相當注意，我國人之負責方面，毫無表示，又安望他人之不袒我敵寇，而輕我國家耶？印度有嘛哈菩提社，爲佛教大聯合之機關。曾於本年六月請譚云山先生講演「中國之佛教」，遍發請帖於當地學術機關，及中國領館與華僑團體，請衆赴會聽中國之文化學術。余等屆時赴會，英人印人學者之集於一堂，已百有餘人，獨不見聽衆中有一華人，該會祕書長詢余「何以貴國領事未來？請帖有誤耶？」余赧然無以作答，祗得支吾其詞曰，「恐有誤耳」，並顧左右而言他。即此一例，可見國人之在海外者，對祖國之宣傳冷淡，無識者且不足責，代表國家政府之外交官員，不能無過（請閱者比較外人之在我國者，對其本國之態度）。吾人常謂「弱國無外交」，豈完全無外交哉！負外交之責者，平時在各國多無宣傳活動，無感情聯絡，無設計研究，一到問題發生，急抱佛脚，又多不肖有膽有識敢說敢爲以付之，安能有濟於事！吾國欲求他人之諒解，得異族之同情，根本固在國家之統一，與政治之開明，然與外人有直接關係之外交官吏，其態度與方法，尤必先有努力之改變也。

三　華僑之職業

吾人在國內之觀念，常以「華僑」與「金錢」爲相對名詞，若黑與白、大與小、上與下等觀念之聯絡焉，以爲華僑皆富厚而快樂，賺錢如拾草芥，故辦教育者，辦慈善事業者，辦實業建設者，常想向華僑募款捐貲。在昔工商業盛時，華僑之經濟力量確屬雄厚，對於革命之輸將，對於國內之捐助，令人欽佩，但事實上富庶者實佔少數，貧苦者實居多數，其工作之辛苦，拚命之掙扎，固無異於國內之農工羣衆，每逢國內有故，須求愛國捐款，此捐一元，彼捐一角，集腋成裘，數量甚鉅，然其內容結構，皆汗血滴滴而成，並非如沙土草芥之隨手拾取而來也！

印度之華僑人數比較不多，前已言之，其經濟力量比較亦弱，年來受全世界經濟恐慌之影響，更如江河日下。大部份人多做小工，以木匠為最著名，蓋本地人手工業技藝欠精，木工製作一項比較笨拙，故華人木匠在印享有令名，幾可專利，與之相競者只有少數日本木匠，然終不如吾國木匠之受人歡迎。余初至加爾各答城時，偶步街頭，遇一英國婦人，詢余『何處可請中國木匠』余媿新來，無識於此項人才，乃引之向一附近粵人鞋店，求其轉為介紹，即此可見印度諸人對於華人木匠之印象甚深。

次為鞋業，大凡開設店面有定所營業者，就余所見，十九為鞋鋪，其場面之大小不一，類多房屋一幢，發行門面一間，內面即為製鞋硝皮之所，店員少者一二人，多者五六人，就表面陳設而言，規模甚小，此固限於營業資本之短絀，亦抑由於社會購買力之低弱，及市面蕭條之影響。余嘗與鞋業中人談話，勸其聯合資本組織公司，開設模規較大之店鋪，但據云人各有見，見各不同，不但組合極難，亦且管理不易，真實合作互助之效果，不可倖致。小本營生，固為吾國人之特長，但疏忽組織，亦為缺點，故本為有利可圖之職業，往往為外人之有組合者所壓倒。僑胞鞋業之顧客，大部為本地印人，次爲華僑人衆，再次爲西洋人，然近來印人亦急起直追，自作靴鞋，物雖不美，價格極廉，譬如印人做鞋一雙，祇需工價四五『安那』，而華人製作一雙，則約需三十二『安那』，其實價之貴賤，卽以此爲比例，在不景氣之現代社會，皆趨重價廉，至於手工之巧拙，質料之優劣，常人多不及計耳。日本貨之質料不佳，然外觀尚好，索價又廉，一班人雖明知其低劣，然迫於現金，祇得將就敷衍，取快一時，故日貨之暢銷，不獨盛於中國，亦且及於南洋、印度、南非各地。日人富有投機聰明，善於隨機應變，世界旣有不景氣之現象，彼卽以不景氣之貨物而投機，易云『窮則變，變則通』，日人可謂善用我國古訓者矣。吾國之商人，多拘守舊法，不知應變，卽就在印胞僑之鞋業而論，現其市場已一部爲西人奪去，一部爲印人取有，若不急圖改變營業方法，將來恐更不堪設想。

再次爲山東綢業，經營是業之人，純爲來自山東各縣之同胞，彼等無固定鋪店，皆行商小販，根據地在加爾各答城，聞其人數約五百左右，分羣別隊，負載綢布及花邊等貨，旅行於印度各處，沿門叫賣，問客求沽。曩時印人最好其質品與式樣，凡稍爲富厚之人及上層階級之輩，無不以穿著華綢爲榮，故風尚一時，生意甚佳，但近來農村經濟破產，城市工商業衰落，此種華綢之要求，隨之消逝，且印度之關稅壁壘甚高，對於來自中國之貨比來自日本者較爲優待，棉布等征稅百分之二五，綢緞等徵稅百分之七五（山東綢商徐君親對余言）對日本貨之匹頭，征稅自百分之七五至百分之百以上不等。但華綢優良，成本甚大，日布不佳，成本極小，經納稅以後，華綢更屬價昂，日布仍爲價賤，且華綢爲小量之個人經營，日本爲大宗之團體商業，彼此相形，華綢實無地位之可言，故邇來山東朋友之在印業綢者，十九虧本，人數亦較昔日爲少。

經紀商人，酒店飯館，古董藝術，亦有數家，其規模較大，資本較多，然至多者聞亦不過數十萬元。有吳君雪堂者，獨營一製相館，爲別開生面之營業，放大而製修各種相片，及藝術作品，每張值數百元或千餘元不等，其業務之競賽者甚少，故生意頗佳。太果爾先生曾在吳君處定製一相，嫌其索價太貴，先生問吳君爲華人抑日人，吳以華人對，先生莞爾而笑曰：『你是中國人，賺我們的錢也不要緊！』太先生愛慕中國文化，其好感隨處表現也。此外如茶館、飯店、藥鋪、雜貨店、土產店、香紙店、縫衣店、理髮店，以及做籐工、鑲牙齒、耍把戲、開戲院，無不應有盡有。而無業遊民，乞丐煙鬼，鼠偷小賊，亦混雜其間，爲華僑之害而國家之玷者，卽屬此輩，其人數當然不多：但一髮牽動全身，滴熇浸淫杯酒，在外人眼中，悉認爲華人，加以帝國主義者惡意之宣傳，與全稱之汚蔑，於是華僑之名與中華之國，爲人所冷潮熱諷，而吾人之昔日聲威，與國際榮譽，蕩然無存矣。

四 加爾各答之華僑

印度之華僑，來自本部各省者，以加爾各答城爲大本營，人數約佔總額（西藏人不計外）三分之二而強，此或因加爾各答位於東印孟加拉灣之頂端，華人由暹緬各地及馬萊半島而來，以此爲先至之大埠，又英人昔日侵蝕印度，此城爲其根據地之一，英屬印度政府之建設於此者，凡百餘年，（現在印度政府之新都爲德里，其夏季避暑之陪都爲西摩拉，加爾各答則稱舊都。）故華僑以此爲中心，黨部機關學校工會及其他會館團體等，均以是城爲樞紐。

華僑所至之地，常團聚而居，自成部屬，此蓋異國之風土人情使然，中山先生所示之民族成因，可爲此事之解釋。加爾各答之華僑，多聚居於一街，英人稱爲「中國街」，印人稱爲「支那拜拉」，其名甚著，幾於婦孺皆知，然其所以著名之原素甚多，大要不外善惡兩觀念之聯絡。華人之飮食珍饑，久已膾炙人口，印人尤視爲異味，『支那拜拉』中之大小飯館茶園甚多，最著者爲一南京酒樓，（另有一著名之中華酒樓可是不在『支那拜拉』範圍內。）每當夕陽西下，電燈照耀之時，西人及印人之乘車赴南京與中華二酒樓就食者絡繹不絕，往往『座上客常滿，樽中酒不空。』余初至加爾各答時，亦嘗就食於二樓，覺其菜味較諸眞正地道之滬粵菜館食物，稍有遜色，且價格亦比較昂貴，一盤普通之『蝦球』索價一個半盧比（等於一元八角），但在西人及印人心中，則視爲低廉之至。在上海等租界區域內西人所辦之旅館飯店，工人一端，無不役使我同胞，且令著奇形怪樣之衣服，表示其爲僕役階級，而爲洋大人所頤指氣使，凡有血氣者見之，無不認爲奇恥大辱；在加爾各答之華人大酒樓，則役使印人爲僕役，亦令纏顏色差參之頭巾，服奇形怪樣之衣件，表示其爲『治於人』之階級。世人常言平等，余不知滄海桑田，何年始有一線之平等，人類眞『罪孽深重』之動物耳！又夜郎自大之幼稚外人，開口謂華人不潔淨，閉口謂華人不衞生，然而飲食慾熾，無不嗜好華人之物品。每一談及『中國街』，類皆口舌流涎，趨之若鶩，此『支那拜拉』之所由善意觀念而著名也，常人既有『華人不衞生』之成見，於是以『支那拜拉』爲藏垢納汚之地，垃圾之堆積也，便溺之隨便也，鴉片之吸食也，偸盜之窩藏也，賭博之盛行也，凡人類所可能之罪惡，以爲『支那拜拉』無不有之。故每與外人談到加爾各答之華僑，類多影射『支那拜拉』之徵詞，卽甘地先生與余談話時，亦問『君知加爾各答之貴國僑民所爲耶？』余卽答以『略知一二，彼等多優秀之木工鞋工』。不肖之華人，固屬有之，然其人數極少，『天下老鴉一般黑』，任何民族所不能免，單就上海而論，外國流氓亦車載斗量，何獨至於華人而怪之。不過他人之侮我愈甚，吾人之自修必嚴，孟子有云，『故君子惡居下流，天下之惡皆歸焉』，此吾人所當引爲戒律之訓者。否則『支那拜拉』之居民，實際不盡是華人，印人亦居三分之一，何以惡名獨歸於華人，此必吾人有事實上之惡例，授人以口實，因而無中生有，虛者實之，市虎杯蛇，輾轉傳道，此『支那拜拉』之所以由惡意觀念而著名也。

此外加爾各答一城，與吾族國恥有關者，尙有一事，卽亡淸粵督葉名琛作英人俘虜，被拘於印度，故都是也。相傳葉在粵時，頗有國家觀念，夷視英人之心理甚強，但不修戰備，空言挑衅，及英兵攻入，又不抵抗，亦不言和，亦不逃走，英人旣捉而拘之，葉乃遵『君子正其衣冠』之孔訓，戴著頭品頂戴，雙眼花翎，賞穿黃馬褂等朝冠朝服，正『槍』面而立，隨英人登舟，有某牧師者，指水示意再三，而葉不顧。英人送之於加爾各答城，築樓於河濱居之，名曰『鎮海樓』，而葉怡然自得，自稱『海上蘇武』大有『此間樂不思蜀』之概。英人視其態度之奇異，傳爲佳話，遠居英倫島上之英皇，亦欲瞻其丰采，命人畫其容相而進獻，葉乃驚喜若狂，提筆高吟；余童時讀史，對此事印象甚深，猶能憶其一絕，詞曰：

『鎮海樓頭月色寒，將星翻作客星單；任他日把丹靑繪，恨態愁容下筆難。

——海上蘇武。』

若葉名琛者，眞千古未有之『寶貝』，粵人恨之刺骨，稱爲五『不』主義之創造與實行者——不戰，不和，不守，不死，不走，然葉猶知蘇武之可貴，倘屬良知未絕，以視今之不守而喪失國土，不死而逍遙外洋，且復因緣時會，忝竊祿位，而腼不知恥者，猶勝一籌也。余在加爾各答，屢次欲尋葉名琛之舊聞，及鎮海樓之遺跡，杳不可得，問諸領事館，及華僑父老，皆無能道之者，事隔百有餘年，僅存歷史上之汚垢而已。

五　大吉嶺之華僑

華僑之來自西藏者，除加林崩外，以大吉嶺爲大本營，總數至少六七千人，蓋大吉嶺原爲錫金之地，與尼帕爾及我國西藏相交，爲喜馬拉雅山中之重鎮，說者謂舊爲我國領土，後爲英人佔侵，觀其大吉嶺三字原爲藏文之名詞，至今大吉嶺之人口平均約三萬餘，（大吉嶺高出海面七千八百餘呎，最高溫度不過華氏表七十度以下，每年夏季，印度各地來避暑者甚衆，是時則人口增加，過此天氣大寒，人多下山，人口又減，）其中第一爲尼帕爾人，次爲我西藏人，再次爲其他各國之人，無處不有，無色不備，可謂爲世界人種之小展覽會。我國同胞之來自本部各省者，亦約百人，其中九五爲粵籍，有四川人一家，其家長爲川人，但主婦爲藏人，孩子們皆尼帕爾化，而說尼帕爾語，此爲華僑在外家庭生活之佳例。又有北平人一家，業氈毯，蒲團，及帡幪等帝王時代之貨色，山東人之綢業行商，亦有數人。然全以粵籍同胞爲主幹，其職業除一家古玩商外，盡爲鞋業及木工，人員作工人才，尤佔多數，大部服務於茶園，喜馬拉雅山之麓，爲產茶地域，其中漫山遍谷，茶園甚多，胞僑之工作於此者，受人歡迎，收入亦佳。

藏人同胞，多居家於此而作小工，正式開店營商者，較屬少數，苦力一項，最佔多數，尤以婦女爲盛，背負篾籮，帶纏額骨，奔馳跼躅於車站市場，以求僱傭，又有拖人力車者，三人共一輛，一人後推，二人前挽，蓋山嶺崎嶇，街道峭峻，非三人之力不能濟事，更有趕馬者，供人乘騎遊騁之用。類皆顧客稀少，生活甚苦。藏人之衣飾生活，悉如三十年前之我國內地模樣，少女結辮，婦人梳髻，衣皆大袖長身，鑲邊繡花，紅綠各色皆備，如亡清時代之官家小姐太太一般，男子則長袍大褂，頭帶兩耳高張之氈帽，腰纏紅黃花色之束帶，髮作長垂肩背之結辮，足踏厚底雙根之朝靴，亡清之衣冠文物，在國內已不多見，在藏人則全部保存。間亦有新知新識，精通英語者，余在大吉嶺時，曾遇兩人，一任教職於英國學校，傳授藏文，著有藏英合璧之教課科，一爲退休之藏官，作山中之寓公，余與談及中國，皆有欣然向往，願爲祖國效勞之意，且云『吾輩何所愛於英人，但中華鞭長莫及，不明藏中情況，吾人迫於生活而寄人籬下耳！倘南京政府有使用我輩之處，予生活上以穩固之職業，吾人固願隨時棄此而就彼也。』英人謀我西藏，卽以利誘其知識份子爲第一政策，對於藏人極示好感，對於稍有知識者，授以職位，予以薪俸，有德爾士貝洛者(Charles Bell)爲圖謀西藏之專員，其手中每月所支配之經費有一萬盧比（藏人黃楚卿君爲余面言）卽多用於藏人之知識份子，其部下且有藏人祕書數人，薪水約每月三百盧比；貝洛聞我政府派員入藏之消息，已於六月初攜帶禮物三十餘箱入藏，其活動之力量，余敢斷言大於我國所派之人員也。我方重虛張聲勢，英方重苦幹陰謀，我方重表面工作，英方重實際努力。我方求一時之效，英方求平日之功，孰勝孰敗，孰優孰劣，不待智者而後知也。

大吉嶺實爲應付西藏，及聯絡尼帕爾之要地，華僑之來自國內本部者，人數雖少，然與藏人及尼帕爾人之感情甚佳，大有同爲黃種，必須團結之概，我政府如欲鞏固西方邊陲，則印度之大吉嶺一地，必須設置工作機關。余嘗謂印度之領事，應專以對付西藏及聯絡尼帕爾與印度爲實職，在領事館之人數，已有所謂總領事，正領事，副領事，不可謂不多，何必集於加爾各答一城；應以總領事居加爾各答，正領事居大吉嶺，副領事居他處（現居孟買）我國華僑之在大吉嶺者，共計既有六七千人之多，尚不應設領事分館耶？（實際上外交人員，似未嘗視藏人爲華僑，可勝慨哉。）吾國人之通病，遇事往往敷衍塞責，不肯實心行實事，對付邊疆，尤少具體研究，從古如斯，於今爲烈，謂之何哉！

大吉嶺之華僑，有一優點，卽能團結一致。地方觀念較少，內中靑年，如丘君楚平余君敬德等，尤能熱烈愛國，有改善華僑生活，及切實團結之意志與行爲。築有中華會館一所，名稱極爲正大堂皇，較諸某邑會館某區團體等稱謂，更爲妥善而包羅全族，孔子曰『必也正名乎』，此事似小，實有重大之關係與影響也。不過年事較長之胞僑，有好賭之陋習，中華會館之樓上，爲一公開之祕密賭場，每晚賭客雲集，以尼帕爾人、藏人及土人爲最多，每月收入，會館可得千餘元。余嘗勸其逐漸停止，但老者謂『胞僑多失業，衣食無着，他處又無濟助，若不出此下策，則死亡立至；今之剜肉醫瘡，飲鴆止渴者多矣，吾人亦不得已而爲之耳，』此等問題，確含整個之社會問題在內，非單純片面所能解決；然吾人聞國內亦有大開賭博之門，抽收賭稅之利，藉以滿足公私庫囊之須者；若果有之，則三民主義下之國民尚可如此，吾人又何責於去國數萬里之貧苦胞僑耶？

六　華僑之團體

在印華僑之舊式團體，除上項大吉嶺之中華會館有國族性外，其餘多建築於地方觀念之上。

加爾各答城中，有嘉應會館、南順會館、四邑會館、東安會館、義興會館等，大體有相當財產，爲胞僑合作精神之象徵，若能擴而充之，其利益更大。且此諸會館，半爲公衆場所，半爲神廟化身，主座神像爲「關聖帝君」，左右配以「財神菩薩」與「魯班先師」，每逢初一十五及過年過節，香火極盛，此因吾國數千年傳統之思想習慣，與佛徒之拜釋伽牟尼，回教之拜謨哈墨德，基督教之拜耶穌上帝，原無二致，謂爲無益之迷信也可，謂爲眞誠之信仰也可，吾人不必加以片面之批評與譏笑；反之吾國黨學軍政諸公，如果人人能體念關羽之浩然氣節與忠義精神，則吾國早已統一，革命早已成功矣。

最要之團體爲黨部，中山先生組黨革命，因地利人和之便，起於海外，故海外僑胞之有黨最早，然因當地政府之干涉活動，不能自由辦黨者，多假「書報社」爲名，其用心良苦。印度之有國民黨，已二十餘年，主其事者爲李渭濱張國基諸氏，合計黨員約千餘人，精神比諸內地之黨員，似較爲優越，現在其組織如次：

- 印度總支部
  - 明新支部
    - 競新分部
    - 鼎新分部
    - 維新分部
  - 醒僑支部
    - 醒僑分部
    - 醒羣分部
    - 僑雅分部
    - 春碑分部
  - 孟買支部

又有印度工會，總會設於加爾各答，分會有四，設於大吉嶺、甲爾排果里、希朗、及孟買四處，會員約七百餘人，主其事者爲李志果、吳雪堂、丘楚平諸君，及其他熱心辦事之同志。加入是會之人，多爲少年工人，組織尙屬嚴密，對於公衆服務，頗著成績，爲華僑中最有希望之團體。吾人望其組織擴大，在黨部指導與合作之下，共策進行，努力於胞僑之習慣改良生活改進，尤當注意於僑工職業之介紹，及失業之救濟。爲領事者更須與此等機關密切聯絡，予以匡助輔翼，且當利用機會而召集僑胞，常爲指導訓話之講演，及調洽內部之意見是非。余聞日人之在南洋者，總數不過三千餘人，然其『日本居留民會』之組織甚佳，每週各在所在地有集會，人人須有報告，領事指導計畫，故其成效大著，團結甚堅。吾人之胞僑，既自動而組織良好之團體，負代表國家政府之責者，尚能袖手旁觀，無關痛癢耶？

此外關於教育團體者，在加爾各答有三學校，一曰梅光小學，一曰振華小學，一曰中山小學。後二者之校舍較爲簡單，設備亦頗欠缺，祇能謂之私塾；唯梅光小學規模宏大，校舍優良，校長爲張國基君，另有教師三人，學生約百餘人，整齊活潑，精神蓬勃，吾人旅居淒涼之異國，唯見此等祖國之後起國民，爲最大之快樂。余嘗遇一印人法官之年老退休者，名曰達特先生（Dutt），最喜宴食於中華酒樓，即在梅光小學之附近，渠謂『余常見制服整潔及生機洋溢之華童甚多，加爾各答有華人學校耶？』余具以告之，此等局外人之佳評，令人聞之色喜。

還有印度報一種，爲國民黨部所辦，每週出刊二次，爲在印胞僑之唯一刊物，聞中央黨部每月津貼五百元。此在宣傳上爲必要之須，未可忽視。惟鄙意以爲該報有急應改良之處：第一，每刊既有三張，與其每週兩次，不如每日一次，出一小張，在材料與編輯方面，並不增加困難；第二，消息宜多載關於祖國及印度方面之政治，社會，與商業情形，文藝小說，及空談議論，當限於最小範圍；第三，社論主張，須遵照黨部之中心主張，與整個計畫，然後不至紊亂體統，而開倒車宣傳，以招人誤解而失原意也，此不過私人之善意獻議，不知當事者以爲然否？

印度勞工概況

一　勞動問題之發生

自古迄今，印度是一個農業國家，其人口的百分之七二·九八是以耕種田地爲生的。所以在工業中心的區域以內，沒有固定而久長的勞動勢力；大多數的工商企業，須從鄉村去雇用他們所需的勞工。一般勞動者，並不與鄉村生活脫離關係，且按時回到鄉村，發生更密切的情誼，這是一個值得注意的事實。在印度男女工人的工資，本來比較低微，但有時全體參加罷工，支持至半年之久，倘能維持生活，就是靠着鄉村的農作做一條退路。否則工業上的長期罷工是不可能的。

印度勞動問題之發生，可以說始於一八八〇年，至其發展，約可分爲四個時期：（一）自一八八〇年至一九一五年，（二）自一九一六年至一九二一年，（三）自一九二二年至一九二七年，

（四）自一九二八年至現在。

第一個時期表示工廠工業的發生及家庭工業的衰落。在這個時期內，棉紗廠的數目，自五十八所增加到二百六十四所；雇用的工人數目，自四萬人增加到二十六萬人。麻紗廠的數目，自二十二所增加到六十五所；雇用的工人數目，自二萬七千人增加到二十一萬六千人。同時鐵路事業也有偉大的發展；其他新的工業，也相繼創設，從事於農作的人民，每年所獲甚微，日常生活的用品，價值甚低。因此工業家雇用勞工極易，只要所付工資比一般農村的工價稍爲高一點，鄉人就趨之若鶩了。所以男女工人們可以任意驅駛，童工可以隨意榨取。工作的時間，可以無限延長，工人的生活設備，可以完全忽略。同時工人所希求的，只是工作，衣食及睡眠而已。這是資本家爲所欲爲的極盛時代，除計劃怎樣獲得大利而外，別無所事事了。

第二個時期，是隨歐戰之爆發而產生的。當時印度軍隊的輸送歐洲作戰，爲數甚多，他們的軍裝、糧餉、器械、需要充分的供給，同時交戰各國，需要大量的原料及製造品。印度利用了這個機會，工業大爲發達，財富突然增進，無論向何種工商業裏面投資，都是獲利甚厚。因之勞動的需求甚大。工業方面固然須人很多，農業方面亦因原料價格的提高，而有供不應求之勢。在這種情形之下，工資率自然增加，勞動的價值自然增高，同時工人的希望亦加大，要求優待的動機益多，能工的運動，也就應運而生了。在此時的能工，多半是得到圓滿結果的，一則因製造和生產的需要正急，二則因勞動的出路甚多。所以工人們有求必應，不但所得工資較多，而且受的待遇亦較優，過的生活亦較好。

第三個時期，是歐戰結束後的產物。戰事既終，大部份的軍隊遣散，許多製造軍用品的工廠停頓，各交戰國的實業一落千丈，一時未能恢復戰前原狀，同時貨物沒有銷場，市價忽然低降，於是『失業的惡魔』，現形於全世界了。這種現象，在印度以一九二二年爲最著。所以這一年可以視爲印度勞動史上的反動與衰落時期之起點。資方爲本身利益打算，實行緊縮政策，或裁減人數，或降低工資。勞方迫於生活，時與資方明爭暗鬭，或消極的怠工抵制，或積極的能工反抗。印度政府頗能致力於調劑工作，製出各種關於勞動的法令。一九二二年根本修改原有的工廠法，成立一種頗能顧到工人衞生的工廠法。礦工條例，在一九二三年大加修改，工人撫卹條例，亦於是年第一次製定。到了一九二六年，更通過一種工會法。可是工商業的衰落，依然無法救濟，勞資間的糾紛，完全不能消弭。

第四個時期始於一九二八年，就是實行所謂『工作合理化』的時期資方的計畫，在於求工人管理較多的機器而以提高工資相報答。這個方法施行以後，雇用的勞工數量當然一天一天的減少，失業的人數就一天一天的增加，於是勞動運動中的共產份子，乘機而起了。

在一九二七年一月，有所謂『農工黨』的出現，可以說是共產黨的集團。其目的在促進工會的組織，集中勞動的力量，以求毀滅資本主義，而打倒帝國主義。他們發行一種刊物，叫做革命（Kranti），可是困於經費，半年後就停刊了。在一九二八與一九二九年所有的各種罷工，多半是由農工黨人所主動而指揮的。例如一九二八年春季在塞爾（Sassoon）的紗廠大罷工，在孟買（Bombay）的紗廠總罷工，延長至六個月的時間，都是農工黨人的成績。又如一九二九年三月孟買城中的暴動，及同年四月所發生的孟買紗廠第二次總罷工，也是他們所主持操縱而成功的。這一次的罷工，始於四月，止於九月，幾乎使孟買的纖維工業全體崩潰。他如鑛工的罷工舉動，鐵路工人的加薪運動，也是層見疊出。所以現在印度的勞動問題，與其他各國是同樣的嚴重而複雜了。

二　勞動者的遷移

印度勞動者的主體，是中部及南部的賤民階級，他們常自故鄉向全國各大工業中心區移殖。大約茶業工人及東部諸省的礦工，多半來自中部，南方的產業工人及緬甸的實業工人，多半來自南部；而西部諸省之較爲技術化的製造工人，大都來自附近的農村社會。但是這些勞動者是很流動的，有時自此處移向彼處，有時又自彼處遷回此處。在同一個地方，有自內而遷出的勞動者，也有自外而移入的勞動者；各以其社會環境的適應，與個人需要的追求爲轉移。

據一九二一年的戶籍統計，在阿沙密（Assam）有一百二十五萬左右移入之工人，及七萬五千遷出的工人。在孟加拉（Bengal）有一百七十五萬以上移入之工人，及約二十五萬上下的遷出之工人。孟買所吸收的工人，約在一百萬以上，而其移出的工人，約爲五十六萬八千人。中部省（Central Provinces）及伯拉（Berar），旁遮普（Punjab），德里（Delhi）等處所有的移入工人，每處達六十餘萬人。而自中部省及伯拉所遷出的工人，爲數約四十餘萬人，自旁遮普及德里所遷出的工人，爲數約五十萬人。由此可見這些地方的工業家及其他實業家之雇用勞工，取給於本地者少，而仰仗於他處者多。可是在畢哈(Bihar)阿里薩(Orissa)聯合省(The United Provinces)及麻打拉斯(Madras)等處，則情形又大爲不同。畢哈與阿里薩所有的遷出工人，總數幾達二百萬人，而其移入的工人則只三十八萬七千人。聯合省的遷出工人達一百四十萬人，而其移入的工人爲四十萬人。

他們遷移的情形，可分作五方面來說：

(一)偶然的遷移——這是鄰近村落居民的相互移居。

(二)暫時的遷移——從事於某種建築工作，或作經商的旅行，或受饑饉的驅使，或作宗教的朝拜，因而往返於各地。

(三)定期的遷移——因氣候的變換，及農事的需求，走入農村以致力於耕種的移動。

(四)永久的遷移——爲了經濟條件的滿足，或其他欲望的追求，一個地方的人，永遠移居到別一個地方。

（五）半永久性的遷移——一個地方的人民，爲着經商或作工而遷寓到別一個地方，但有時仍回到故鄉，或將家室安頓原處，而獨自出外，或安居本地以樂餘年。

在前三種的遷移情形之下，遷出的人民，依然回返他們的故鄉。在後兩種的遷移情形之下，大部份的工人，過了兩三年之後，總要回到故鄉小住。但是其餘一部份，則長久安居於所在工作的實業中心。普通印度人安土重遷的習氣頗深，愛好家庭的情感極濃，所以來自鄉村的勞動者，對故鄉總是留戀，對農業總不斷絕關係，那些毅然別井離鄉而安居於工業中心的勞動者，往往是有專門技能的工人而已。

三　勞動者的雇用方法

印度資本家的雇用勞工，常時感覺困難，大約有三種原因：（一）工商業的中心區域，缺乏固定的勞工來源，（二）印度的勞動者，幾乎全未受過教育，（三）勞動者對於鄉村及家庭，有牢不可破的關聯。所以他們所採用雇用的方法，有直接和間接的兩種方式。所謂間接的雇用，就是委託專人向各處去雇請工人；直接的雇用，就是在工廠門口招募工人。

資方所委託的專人，名叫『包頭』(Contractor)，他須深入鄉村去勸誘農人。遇到貧苦不能自給的農民，或適逢荒年凶歲的時候，他的工作自然順利。但有時也以欺騙的手段，誇大城市的繁華，使鄉人聞風而起。包頭對於願意作工之人，常預付以少許的金錢，令其解決自身的緊急問題。以後實行做工的時候，他便從工資中扣出預付的金錢，連帶相當的利息。在這種制度之下，包頭成了一個重要人物，對於工人方面，他可以擅作威福，任意剝削，對於工廠方面，他可以舞弊營私，雇用不健全的勞工。因為資方不直接與工人發生交涉，只以工資付於包頭，包頭分付工資於其雇來的工人，所以他可以上下其手，為所欲為。

這種包頭制度，在緬甸尤為盛行。大多數的緬甸紗廠，幾乎全是雇用包頭找來的工人。資方通常與包頭成立一種契約，以若干的工資，需求若干的工人，包頭遂向各方徵募如數的工人。有時在廠方接洽者為一『總包頭，』他又將實際的招募工作交與『分包頭，』與工人直接發生主雇關係者實際是這些分包頭。在這種三重雇用的制度之下，勞動者所受的壓迫榨取，可以不言而喻了。

還有一個與包頭制相彷彿的辦法，是由廠方派出『招募員』(Sardar)向各處招集。通常招募員是已在廠內作工的人。他所招集的新工人，多半是他的親朋戚友及鄰居，他的方法，也是預將少許金錢支付於願意作工的人，不過這些錢是由雇主直接負擔的。在這種制度之下，招募員對於新募的工人因有友誼及親屬的關係，比較尙能公平待遇，且有固定的工作等着他們，沒有失業或流落的恐怖。

資方鑑於包頭制及招募員的難得健全勞工，有時直接在廠門或礦山自行招工。這種辦法，在利用鄉人的愚昧及貪心。因爲資方將工價優厚的消息傳於四鄉，於是引起鄉人的發財欲望，成羣結隊的奔入城市，或集於通衢大道，或聚於公共場所，以待工廠鑛山等的選擇雇用。在這種情形之下，欺騙剝削的行爲，依然不能免除。因爲在實際招工上，資方並不直接選雇，還是假手於一般居間的人員。這些人員利用鄉人的簡單，誠樸和貧苦，做出狐假虎威的模樣，敲詐無所不用其極。有時鄉人欲求得雇用，須向居間人員行賄，或已被雇用而領到預支工資，須付出利息以爲酬報。所以印度工人欲免除居間人員的剝削，只有從教育與組織兩方面注意，其餘的辦法，都是皮毛形式而已。

四　勞動者的數量

印度地大物博，原料豐富，產業發達，關於衣食住行各種製造品的輸出，每年爲量甚大。一九二二年，國際聯盟正式承認印度爲世界八大工業國之一。當時印度政府陳送了一個全印工業情形及工人數目的報告，證明印度在工業上的重要。那報告上所列舉的工人數目是：

農業工人（自耕農除外）二八、〇〇〇人

航海業工人一四一、〇〇〇人（這數目只次於英國的數目而已）

產業工人二〇、〇〇〇、〇〇〇人

鐵路的哩數，超過任何他國，（僅次於合衆國而已）

觀於上列的數字，可見印度工業重要之一斑。不過這種數字，是否適合於今日的印度，或適合至怎樣的程度，殊不能斷說。在今日的印度，單就鐵路上的職工而言，爲數將近一百萬人。據一九二一年的統計報告，各地種植場的工人，爲數亦達七十五萬人以上。各處工廠所雇用的工人，據一九二七年『全印工廠報告』的統計看來，爲數亦甚驚異，茲列表如次：

工　廠　的　發　達

年份	工廠數目	每日雇工平均數目
1921	4,059	1,266,395
1922	5,144	1,361,002
1923	5,985	1,409,173
1924	6,406	1,455,592
1925	6,926	1,494,958
1926	7,251	1,518,391
1927	7,515	1,533,382

工廠工人的年齡與性之分配

年份	男工	女工	童工	總數
1921	1,010,686	187,596	68,113	1,266,395
1922	1,086,457	206,887	67,658	1,316,002
1923	1,113,508	221,045	74,620	1,409,173
1924	1,147,709	235,332	72,531	1,455,592
1925	1,178,719	247,514	68,725	1,494,958
1926	1,208,628	249,669	60,094	1,518,391
1927	1,222,662	253,158	57,562	1,533,382

各省的統計

省別	工廠數目	每日雇工平均數目
麻打拉斯	1,301	134,074
孟買	1,426	381,868
孟加洛	1,297	559,759
聯合省	332	88,319
旁遮普	546	50,088
緬甸	940	101,353
畢哈及阿里薩	255	71,400
中部省及伯拉	704	68,603
亞生	591	48,694
西北邊省	16	567
伯拉其斯坦	5	1,237
亞吉姆及木瓦納	83	15,376
德里	55	9,481
彭格洛及苛兒格	14	2,563
總計	7,515	1,533,382

五　勞動者的工作時間

印度自一九二六年的『修正勞動法』實施以後，對於工人每日的工作時數，每週的工作日數，及每日的休息時候，每週的放假時日，都有明白的規定。無論在甚麼工業組織的場所之中，每人每日的工作時數，不得超過十一小時，每週的工作時數，不得超過六十小時。每日工作的時候，至多每六小時之後，必須有一小時的休息，或得工人的同意，每五小時之後，舉行半小時的休息，一日須有兩次，合爲一小時。但是對於男工，可以稍爲伸縮。若男工每日做工時數在八小時半以內，每次做工不連續到五小時以上，則其每日的休息時間，得了地方政府的許諾，及工人的贊成以後，可以減少至半小時。

童工的工作時間之限制，更爲明顯。在任何工廠之內，童工每日的工作時數，不得超過六小時。每日須有半小時的休息，每次工作不得連續到四小時以上，每日在早晨五點半鐘以前，及晚間七點鐘以後，任何工廠不得以童工作工。並且對於童工的年齡，亦有嚴密的限制。童工最低限度的年齡爲十二歲，最高限度的年齡爲十五歲。資方雇用童工的時候，必須童工持有醫生的檢驗書，證明他的年齡確在十二歲以上。受了這種限制以後，童工的雇用數目，暫有減少的趨勢，觀於下表，便可了然。

歷年童工雇用表

年份	童男	童女	總計
1921……………	56,926	11,187	68,113
1922……………	56,552	11,106	67,658
1923……………	60,841	12,779	74,620
1924……………	60,240	12,291	72,531
1925……………	57,199	11,526	68,725
1926……………	50,015	10,079	60,094
1927……………	40,028	9,534	49,562

自一九二一年以來，印度的工廠數目，自四〇五九增至七五一五，其增加率爲百分之八五。工廠工人的數目，自一、二六六、三九五人，增至一、五三三、三八二人其增加率爲百分之二一。而童工的減少率，則爲百分之二〇而強。但細觀上表所示，童工在一九二三年，忽然增高一次，這是因爲在阿沙密的茶業工廠原先雇用了童工一萬一千人，到是年方接受政府勞動法的約束，並且勞動法的一般實施，亦自一九二四年以後，始爲嚴厲。

女工的工作時間，與男工相同，但是每日在早晨五點半鐘以前，及晚間七點鐘以後，禁止女工作工。自一九二一年至一九二八年，女工的數目，由一八七、五九六人增加到二五三、一五八人，其增加率爲百分之三五。這種增加的原因，不外兩種：一則由於童工雇用的嚴格限制，一則由於有些工業的性質，如採製茶葉等事，以女性較爲合宜。資方對於女工的待遇，年來亦有進步。例如生育時期的優待，便是合理化的動作之一。各地偉大的工業組織，大都對於女工在生育期的前後，給以一月至二月的假期，並不扣除工資。然而正式通過一種『產母優待』法令的地方政府，則以孟買省政府爲第一。這個法令是一九二九年七月一日起實行的，牠規定優待產母爲資方的當然職責。辦法是給產母一連四十二天的休養，付以全數的工資。不過產母如在孟買城內生育，須呈驗衛生局的證明書，如在城外生育，則須送陳警察或醫生的證明，以昭信實。

勞動法所規定的工作時間，其實施的效力如何，一九二七年曾有一種詳細的統計。工人每週作工在五十四小時以上者，有四千三百八十三個工廠；在四十八小時至五十四小時之間者，有一千零三十一個工廠；在四十八小時以內者，有二千零二十五個工廠。在雇用女工的工廠之中，女工每週作工在五十四小時以上者，有二千八百八十七個工廠；在四十八小時以下者，有一千六百三十九個工廠，在四十八至五十四小時之間者，有六百八十三個工廠。此外雇用童工的工廠，有一千五百六十四所，其中童工每週作工在三十六小時以下者，有五百六十三個工廠，在三十至三十六小時以內者有一千零一個工廠——三十六小時，爲勞動法所規定的最高限度。

六　勞動者的健康問題

印度勞動界的生活情形，通常是很辛苦的，所以他們的健康大成問題。他們的食物很不充分，又不大合衞生。他們的居住非常擁擠簡陋，污濁，不通空氣，以至疾病死亡時常有之。他們所患的普通病是瘧疾。這顯然是天熱、地溼、蚊多、人衆的原故。孟買省政府在一九二八年曾派醫官郭維爾(M. Couell)實地調查城中的瘧疾。據他的報告說，「城南的瘧疾很盛，但是最盛的地方，就是與工廠毗連的區域。」這無異於證明工人羣居的處所，郎是瘧疾盛行的地方。

工廠內的衞生設備，也是異常欠缺，不過比較工人的家庭情況，還算略勝一籌。空氣流通的問題，各工場近來都甚注意，在孟買那些地方，已有相當的改良。但在中部省及伯拉等地，關於空氣流通的方法，溫度適宜的保持，地板的清潔，機器的安置，屋宇的寬敞，及食堂的設置等問題，正待急切改良之處甚多。尤其是紗廠中的通氣與溼度兩大問題，必須加以緊急的改善研究。因爲棉花在紡織的時候，須有潤溼的空氣，普通所用的人工溼氣法，是利用蒸汽管的灌注熱氣。這在熱季高溫度的時候，在廠內實是不能忍受的酷暑。印度政府曾於一九二一年委派專家討論這個『紗廠溼氣方法』的問題，結果認爲溫度在華氏表八十五度以上的時候，蒸汽絕不可用。乃於一九二五年明定法令，『凡溫度在華氏表八十五度以上的時候，不得使用蒸汽。』

大規模的工業組織，對於患病的工人，常有醫藥的供給。在孟買的七十六個紗廠當中，有六十八廠設有藥房，以供給藥品，有四廠雇定醫生診治，有三廠供給普通藥劑。在阿麥打把得（Ahmedabad）的五十九個紗廠當中，有四十一廠雇有醫生並供給藥物，有四廠開設藥房，並且設置醫院。其他如在加爾各答的麻紗廠中，有阿沙密省的茶園、鑛山、油田內，以及在各地的大種植場中，無不有醫藥的設備，並且醫生都是有相當學識與經驗的。至於政府及慈善團體所設立的藥房、醫院，爲數亦復不少。工人病時所受的醫藥療治，大都是免費的，有時費方名義上徵收醫費，但實際上是豁免了。所以印度的勞動者，雖在帝國主義與資本主義的雙重壓迫之下，而其所有的待遇情形，較之我國的勞動界，猶可說是『彼善於此』哩！

印度國際大學素描

一　創立史略

印度國際大學，係太果爾先生所主辦，正式成立於一九二一年十二月二十二日，但其基礎樹立，則有三十餘年之歷史。先是太先生之父老太果爾先生，德尊學博，有聖人之稱。常欲覓地設教，遂於孟加拉省之西北方面得一荒原，古木蕭疏，盜賊嘯聚，先生坐於樹下，默唸靜禱，盜賊爲之格化，乃開懇種植，命名爲『和平之鄉，』建一園一舍一廟，成立一精潔之教院（Asrama），公諸大衆，凡欲正義奉教養性修身者，皆可自由來歸，但以不黨同伐異，不縱物慾，不茹腥葷三事爲戒。今在國大校園之香花樹下，猶能認識先生當年所靜坐之處，一碑矗立，刻有先生朝夕祈誦之禱詞，以垂永久紀念：

『他是我生命之寄託，
我心情之愉樂，
我精靈之和平。』

太栗爾先生以偉大之天才，承乃父之庭訓，以爲眞正之教育，必須予兒童以快樂之生活，充分之自由，書本不應與生活分離，教師不能與學生隔閡，務宜共同生活，接近自然，一以『率性本眞』爲教學。遂因教院之基礎，於一九零一年十二月，創立一學校，實施理想教育。然恆於成俗之社會人士，不甚瞭解先生所倡新教育之旨趣，以爲詩人想像之表現，或反抗歐化之象徵而已。先生則信念益堅，奮鬭愈烈，成績乃漸著聞。一九〇四年，全印民族運動爆發，舉國騷動，抵制英貨，提倡土產(Swadeshi)，先生視此爲聯結人心，及促進建設之良機。然爲實現其遠大之目的計，不欲以學校轉入政治漩渦，而授統治者以摧殘之口實，時人不明先生之深謀遠慮，或有非之者，其後始見歲寒松柏之不凋，衆皆信服。

一九一三年，太先生旅行英倫，漫遊歐陸，目覩帝國主義者之明爭暗鬭，資本主義者之虎噬狼呑，遂有兩種動機：一欲以東方文化而救世界之危機，一欲以教育而改造人民之生活。一九一四年歸來，遂圖擴大其學校之範圍，作溝通文化之中心，同時增設一農村改造部（今名 Sriniketan）使師生從事於社會改造之工作，實行農業改良之試驗，求達學校鄉村化與鄉村學校化之目的。是時歐戰兇湧，殺氣瀰天，先生乃於一九一六年遊日本美洲，目擊日人之好武尚利，及美人之徬徨失措，愈信科學發明之誤用，急須東方文化之補救，苦心策畫，謀樹世界文化之中心，先溝通亞洲之文化，團結亞洲之人心，再融會西方之文明，和輯全世之人類，以造成一新紀元之生活，於是舉世馳名之國際大學，乃應運而生。

二　學校環境

聖地尼克坦（Santiniketan 意即和平之鄉）爲國際大學所在地，距加爾各答城約百英里，位於東印度鐵路支線之旁，自巴爾坡站（Bolpur）下車，行一英里又半，即達學校，面積約一千英畝而強，校舍散建於地皮之中央，橫亙達數百英畝。農村改良部，則自成區域，面積八十英畝，離本校可一英里有餘。全校建設之布置，彷如一大公園，喬木成林，綠葉交蔭，廣寬之大道，四面貫通，幽曲之小徑，左右環接，此處一宏壯之大廈，彼處一雅潔之茅舍，氣象各殊，相映成趣，間或池水一灣，土坵半角，有山巔水涯之意，嚶嚶鳴鳥，習習清風，自朝至晚不息，令人心曠神怡。若極目遠望，則廣野平鋪，阡陌無際，熱帶棕櫚，隱約如披髮長人鵠立於水平線上，而竹林茅屋，亦點綴於其間，雞鳴犬吠相聞也。

學校無牆垣，亦無門禁，四通八達，無論何人可以出入，無論何物可以經過。每當晨光曦微，或夕陽西下之時，農人婦孺，相率經過於校外校內，或攜鋤犁耕種之器，或驅兩輪二牛之車，或負薪米，或驅羊羣，行歌相答，洋洋盈耳，不獨學校絃歌之聲已耳，是眞能鄉村化之學校，眞能民衆化之教育也。太果爾先生之教育理想，在『依皈自然，發育本性，以農林生活爲背景，以人格感化爲方法，』故其學校設備，無不取自然化育之意，而重自由啓發之方，同時痛歐化之浸淫，人格之卑落，欲力挽狂瀾，以保全其國人之民族性，先生曾有言曰：

『山林有異於沙漠，巖石，海洋，能時時加惠於人，給人生以居處與食物。昔日印度修隱泉林之士，卽在此環境中而獲其與宇宙融和之精神，且中心深印宇宙之一元觀法……吾人之理想學校，宜設於空曠之鄉，樹蔭之下，遠避城市之塵囂。教師須且學且教，學生須且學且長，皆在和平靜穆之空氣中。』

三　設置一斑

學校設備，頗爲完美，學生皆寄宿校內，有宿舍多處，建築之式樣不一，或爲兩層之西式樓房，或爲矮小之竹籬茅舍，散布於綠林之間，饒有鄉村風味。會食堂，大禮堂，建造亦佳，凡演劇跳舞遊藝會等，多於大禮堂行之。祈禱堂之建築新穎，體式莊嚴，團體之祈禱，每星期必於此舉行一次，星期三爲休憩日，清晨鳴鐘，師生畢集，席地而坐，作長時之靜默祈禱，其信奉者爲印度教，意在啓迪青年之靈感，實施品性之薰陶，培植無我精神，養成團體習慣，非一般化之宗教儀式可比耳。

圖書館爲最有精彩之建築物，四壁有古代之泥水繪畫，皆出自名手大家。內部分藏書庫，研究室，閱覽室，辦事室等，規模頗壯。藏書在量上固屬可觀，在質上尤爲印度第一，除英法德意中國日本等語言之書籍外，尤富於梵典古籍，藏文經典，及全印方言之古本，古代名人之手澤遺篇，未經刊印行世者，搜羅達數千件，有印度古百葉經者，爲古代文獻佳品，亦即世界文化精華，尤足珍貴。此外關於圖畫音樂農村經濟合作運動農業森林之書，所藏佳本亦多。總其大成而言，是館特便於研究印度文化（梵文巴里文佛經耆那教典印度方言）回教文化（阿拉伯及波斯文）與藏文佛經等。

藝術院包括圖畫音樂兩部，始建於一九一八年，爲國大感情生活之中心，附有小圖書室及陳列室，羅列著名藝術作品，印度古來樂器，鄉間之陶製，木刻，銅鑄等民間手藝出品，頗足代表民族性之創作。中國字畫亦稍稍有之，日本人作品，參列其間。木先生築室於藝術院之東北，結構精巧，樓閣參差，質而有文，雅而不炫，宛如巧小珊瑚一座，人皆稱之曰「詩人宅」，學校有會議，或演講集會之重要者，往往在「詩人宅」中舉行，蓋先生視學校爲家庭，亦以家庭爲學校，無間然耳。

教授，教師，及職員等，各有住宅，有家室者，一人一宅，無家室者，數人一宅。其建築式樣，頗類村莊，或則黃土築牆，茅蓋柴扉，或則水泥磚砌，鉛頂鏡窗，別有風趣。近更開闢住宅區，凡大學學會會員及職教員等，如欲自建住宅者，可向學校租借地皮，在指定範圍內建設經營，蓋亦使學校日臻繁榮之意。更有迎賓一所，建築美麗，凡外國教授及參觀人員之來此者，多寓於此，英美法意德俄中國日本，先後皆有人任教於大學，現時除余與譚云山先生及一藏文教師，來自中國外，尚有一德國人及一匈牙利人，在此任職。至於各國之人，或慕太果爾先生詩名而來晉謁，或聞國大之理想教育而來參觀者，幾於無日無之，學校爲接待外賓便利計，專設一經理員以司其事。

此外關於電光之供給，學校自設電機廠，通宵達旦供應無阻。關於書報印刷，則有自辦印刷所，製印訂發，均稱完美。關於衞生醫藥，則有自立醫院，醫生藥物，均屬上品，設備所及，不僅限於校內，亦且達於農村。關於新聞信息，則政府在校內設有郵電分局，傳達極爲便捷，誠一完善之學府也。

四　組織內容

通常學校教育，劃分數個階級，如初等教育，中等教育，高等教育等，分處施行，往往各成風氣，不相銜接，責咎所在，互相推諉，如大學教育不良，則曰因中學教育之不善，中學教育不良，則曰因小學教育之不善。太果爾先生認爲教育有自然之整個性，不可強爲分割，且欲試驗理想教育，必須自天真爛縵之兒童做起，一直貫注至其成年，若分取一個階級而施所謂理想教育，實不可能，故國際大學之教育，起自小學至於專門研究，一貫訓練，造成其理想中之人民。

內部組織，約略可分爲學校部，大學部，及研究院。學生自六歲入學校部，至十六歲完成其中小學教育，十七歲入大學部，四年完成其高等教育，有志於專門研究者，再入研究院，從專家學習，自行創作。學校部之教育，重在兒童感覺器官之發育，如飛禽走獸之觀察，花草樹木之鑒賞，遊戲運動之自由，順乎其本性，啓發其天眞。高級之兒童，則常導遊鄉村，使其見慣農村景物，認識農村生活，除一般規定之學程外，特別注重手工之訓練，例如家庭器具之使用，栽花植樹，修屋造路之初步工作，學生必每日按時爲之，木工紡織等有系統之訓練，亦極重視，同時有藝術化之技藝，如訂書，刻木，油漆等工作，凡學生性能之近乎此道者，則予以充分學習之機會，蓋手腦並用，使教育作用不落空洞，學生畢業之後，升學則能求其深造，輟學則能入社會而謀生活。

大學部教育之目的，亦爲雙重：一面注重學術教育，一面施行技術訓練，學生之有志於文藝及高深學術者，則趨重學理，欲求一藝之長，而從事農工商匠以謀生活者，則趨重實習。其課程之設置，類皆適應各生之需求，而於歷史之變遷，文化之遞嬗，社會之狀況，民生之疾苦，以及世界之潮流，則均須注意觀察，其目的在使青年於思想上、情意上、動作上、達到眞理，而在各方面之實際生活中，表現人生之精神。

研究院之設置，在研究東方文化，將亞洲各國所貢獻於人類之文明，重整而聯合之，發揮而光大之，以與西方文物相融會貫通，而造成全世界人類之友好互助。其研究之科目，類皆古文古典，隨學生之所好而擇習之，有專家教授以爲指導，如梵文學、印度哲學、耆那教學、佛學、古雅利安語學、比較宗教學、波斯文學、阿拉伯文學、回教文學、藏文佛經、中國文法、文德文等門類甚多，均須艱苦精深之研究，始有比較融會之能力。研究院之歷史，不過十餘年，然已譽滿全球，成效頗著，各國學生之來學者，前後有華人、日人、英人、德人、挪威人、荷蘭人、意大利人、奥大利人、巨哥斯拉夫人。

五　教學方法

全部教育，可名之曰自然教育，其教育之方法，採大自然化育之意，教學之場所，在大自然之和平與美麗中，人力教師，不過附屬之教師，日月星辰，風雨雲霞，花草樹木，走獸飛禽，人事生活，及一切自然勢力與現象乃爲主要之教師，昔莎士比亞謂「流水能歌，巖石能言，草木有書……」蓋是意也。故其教課講書，常在野外行之，校園中有「檬果林」者，卽爲有名之教室，檬果樹凡數百，羅植成林，莖大身高，枝繁葉茂，交錯成爲天幕，生徒席地而坐，教師或坐或立，或行或止，樹枝下挂一黑板，禽鳥飛鳴於上，師生問答於下，間或斜陽一線，穿插射地，枯葉幾片，隨風落飄，其詩情畫景，令人顧而樂之。

學生住於分列之宿舍，自成小羣，每舍有教師居之，不僅爲學生之領導，且爲若輩之友伴，彼此互相瞭解，互相親近，毫無形式之拘執，且每班人數，限額不逾十五人，故教師能與學生個別交談指點，熟知其個性嗜好，因而施以適合之教益。吾國學校之大病，在於每班人數太多，往往有多至五六十名者，試問教師一人之精力，在有限之時間，何能普及於各個學生，結果則聰明者，尚能稍受教導，鈍魯者便無形犧牲，是誠罪孽，可爲痛心，而一問學校當局或教育行政當局，則云「限於經費，沒有辦法」，殊不思顧慮經費而辦罪孽之教育，不如不辦之爲愈，此實教育成敗盛衰之所關，從事諸賢，幸毋忽之。

教師授課，在學校部方面，則重共同生活，互相問答；在大學方面，則重輔助指導，講解實習；在研究院方面，則尙討論問題，公開演講，一以學生自動爲原則，教師輔導爲依歸。至於課外活動，往往師生共之，每當夕陽西下，淸風徐來，師生結隊成羣，行於原野，散步鄉曲，入茅舍而問桑麻，享美景而研自然，奏樂唱歌，怡怡如也。昔孔門之理想教育，在於『莫春者，春服旣成，冠者五六人，童子六七人，浴乎沂，風乎舞雩，詠而歸，』今之印度國際大學，庶幾近之。

六　學生生活

學生晨起在五時，比較甚早，盥洗之後，可自由默坐靜禱，或溫習功課，或寫作練習，但須師生集聚而行朝會一次，約十餘分鐘。六時半至十時半爲午前上課時間，二時至四時爲午後上課時間，四時以後，爲遊戲運動時間，其足球與各項運動，在印度頗有時譽。運動後與晚餐前之時間，稱爲『遊藝時間，』或講故事，或唱詩歌，或誦課程，或作辯論，或聽公開演講。晚餐在八時左右，九時許有男女小學生一隊，高唱頌神之歌曲，巡行於各處宿舍之外，此卽寢息之標號也。

每日在上課之前，及黃昏之後，學生須兩次集於綠陰樹下，同唱古歌一曲，所以提醒其精神，安慰其情緒，而表示團體之生活：

晨歌之詞曰：

「神呵，汝爲吾儕之慈父，
吾儕願視汝爲慈父兮，
吾儕願忠誠敬汝於無極。」

晚歌之詞曰：

「神呵，汝化身於草木水火之中，
滲透於渾全宇宙之崇隆，
吾儕願獻敬神兮於無窮。」

國大又爲印度女子教育之重要中心，女生專有宿舍，自有廚房，親自經營其膳食，除參加校內之各項團體活動，爲藝術活動之主角外，更自有其結社、組織、俱樂部等，以發揮其社會性之能力。在學術方面，與男生相同，所受課程，除普通科目與男生相同外，復有烹飪、家事、縫級等必修課程。大學部之女生，在藝術院者居多，音樂圖畫之成績，比較佳良，或亦性之相近歟。小學生之飲食起居，由女生之年長者，負責照料，有疾病之學生，亦由女生任看護之責，每逢『新月日』及『圓月日』，學校常放假，是日也，女生往往親製羹湯食物，宴請全校師生，會食於綠蔭草地，樂趣融融，有如家庭，此所以訓練服務之精神，而接近實際社會之生活。

各宿舍之學生，自成有組織之小社會，合而聯之，成全校之整個社會。學校不設有形之規約，訓育責任，由學生自動負之，師生感化成之，學生對於社會服務，亦甚努力，辦有平民學校，以教育附近農村之農工子弟，如遇饑饉或疾疫，學生親入農村作賑濟或防疫工作，農村改造部之師生，則常入民間，指導農民改良栽種，製作肥料，吸取牛乳，喂養牲畜，灌溉田地等事之科學方法。對於衛生設備，施布醫藥，驅滅蠅蚊，防禦傳染瘟疫等事，尤爲努力，農村受學校之實惠者甚多，非如吾國學校之書本上談生產，教室中講改造者，可同日而語也。

七　中國學院

國際大學之目的，在溝通亞洲文化，融會東西學術。所謂亞洲文化者，即以中國文化與印度文化爲柱石，若二者能溝通結合，必可大放光明於全世。吾國文化之博大宏深，已得悠久歷史之證明，如忠孝、仁愛、信義、和平之八德，禮義廉恥之四維，實任何時代所不能違，任何主義所不能外，任何民族所不能忽；惜乎吾人不自瞭解，不自實行，而世人更少知之者，以至國內之紛亂日甚，國際之地位日低。吾國豈無武力？不知忠以結合耳；吾國豈無財富？不知廉以爲公耳；吾國豈無人才？不知信以團聚耳；吾國豈患敵寇？不知恥以爲勇耳；吾國豈無和平？不知愛以互助耳。故吾國根本救亡之策，除利用科學外，在於復興固有之精神，提倡民族之文化，一面在國內力行，一面向國外宣達，此中山先生民族主義之眞諦也。太果爾先生深慕吾國文化，自民國十三年遊觀吾國而後，信仰益堅。當時曾與我方學者互約講學傳書，以事溝通，近來感於世界之狂瀾，益惡帝國主義者之兇焰愈張，尤望中印兩大民族之互助，兩大文化之結合，以自救而救人。中國人口有四萬萬又七千餘萬，印度人口有三萬萬又二千餘萬，合佔全世人口之半，中山先生昭示吾人以聯合弱小民族，共同奮鬪；若吾人舍印度而不顧，尚何聯合之足云。惟行遠必自邇，登高必自卑，自中印學會成立以後，太果爾先生願貢獻國大爲其活動之核心，徐圖恢復兩族過去之關係，成立未來之團結。渴望中國在國大建一學院，名曰『中國學院』，專事中國文化之研究與宣傳，其建築費用，不過三四萬元已足，此事不獨利於我國文化之宣揚，亦且樹立吾族國家之聲譽，想海內賢遠，必深表同情，而樂玉其成焉。

民國二十三年八月於印度國大

敬啟

『民國專題史』叢書，乃民國時期出版的著名學者、專家在某一專題領域的學術成果。所收圖書絶大部分著作權已進入公有領域，但仍有極少圖書著作權還在保護期内，需按相關要求支付著作權人或繼承人報酬。因未能全部聯系到相關著作權人，請見到此説明者及時與河南人民出版社聯系。

聯系人 楊光
聯系電話 0371-65788063